Michael Georg Conrad

Der Übermensch in der Politik

Betrachtungen über die Reichszustände am Ausgang des Jahrhunderts

Michael Georg Conrad

Der Übermensch in der Politik
Betrachtungen über die Reichszustände am Ausgang des Jahrhunderts

ISBN/EAN: 9783743498150

Hergestellt in Europa, USA, Kanada, Australien, Japan

Cover: Foto ©Suzi / pixelio.de

Weitere Bücher finden Sie auf **www.hansebooks.com**

Der Übermensch in der Politik.

✵

Betrachtungen

über die

Reichs-Zustände am Ausgange des Jahrhunderts.

Von

M. G. Conrad.

Stuttgart
Verlag von Robert Lutz
1895.

Druck von A. Bonz' Erben in Stuttgart

Der Übermensch in der Politik.

Mit Zugrundelegung der vom Verfasser im Januar 1895 in **Frankfurt, Mainz, Mannheim** und **Würzburg** gehaltenen öffentlichen Vorträge.

Zu einzelnen staatswissenschaftlichen und soziologischen Ausführungen sei namentlich auf die Schriften von **Nietzsche, Gumplowicz, Jentsch, v. Leixner, Stalbe** und **Panizza** verwiesen.

Leitsatz: Selbst ist der Mann,
Selbst aber auch das Volk!

* *
*

Meine Herren! Wir schreiben Januar 1895. Die Welt dreht sich und tanzt. Die Zeiten und Zeitungen sind niemals interessanter gewesen. Das Reich ist im Karneval. Es freut sich seiner Narrenfreiheit. Die Schellenkappe über der Pickelhaube träumt Michel einen jener humoristisch-melancholischen Träume, welche dem Kehraus vorauszuflattern pflegen. Aschermittwoch ist nicht fern.

Es dünkt uns — alles in allem gerechnet — durchaus keine gar so fidele Geschichte, was uns da in den Jahren 1870 und 1871 aufgetischt worden ist, und womit man in gewissen wohlhabenden und hochmögenden Kreisen immer noch gern so dick thut und ein Spezielles steigen läßt.

Die obenauf sind, haben gut lachen. Das Reich hat viele reich gemacht, hat den Fürsten den Besitz ihrer Länder und Ländchen garantiert und eine Art Unfallversicherung geschaffen mit allerlei schönen Vorteilen, und zu Neujahr gratulieren sie sich gegenseitig an und wünschen sich alles Gute in unverbrüchlicher Bundesgenossenschaft, her und hin — aber die Mehrheit des Volkes droht am Reich zu verarmen.

Es ist wahrhaftig keine fidele Geschichte das mit dem Jahre 1870 und 1871, wenn's aus jenen Reichsanfängen im Krieg so kommen mußte, wie's gekommen ist, unabänderlich, mit einem verdammt kalten, preußisch-partikularistischen Gesicht und Griff.

Heiterer Krieg und Sieg!

Das Militärische daran war soweit freilich ganz famos, als stolzer Ausdruck der aufgerüttelten Gesamtvolkskraft. Die deutschen Muskeln, der deutsche Geist und das deutsche Gewissen — alle Wetter ja, es ging sogar ohne Kaiserei damals! — alle Stämme,

Rassen, Konfessionen, Reich und Arm, Gelehrt und Ungelehrt, vollbrachten Heldenthaten, zweifellos.

Um so erstaunlicher und ergreifender ist das, wenn man bedenkt, daß das deutsche Volk bis in die Mitte unseres Jahrhunderts eine B e v o r m u n d u n g erduldet hat, die, gemessen an der Bildungshöhe und Gemütsart eben dieses Volkes, ohne Beispiel dasteht in der Geschichte. Einfach schändlich.

Freieren und selbstbewußteren Nationen, wie etwa Engländern und Standinaviern, ein solches Maß von Bevormundung und Drangsalierung nur glaubhaft zu machen, müssen wir allerdings anführen, daß wir, fabelhaft gutmütig und fromm, von unsern biedern Vätern durch einige Jahrhunderte hindurch ein k o l o s s a l e s P e ch in der fürstlichen, kirchlichen, diplomatischen und nationalwirtschaftlichen Sparte ererbt hatten. Und eine solche Erbschaft, von Geschlecht zu Geschlecht aufsummiert, drückt platt nieder und züchtet eine Spielart von Mattherzigkeit, Würdelosigkeit, Bedientenseligkeit und Drillfähigkeit, daß der vertrocknetste Korporalstock frisch ausschlägt und wunderbare Knospen und Blüten treibt. Einem einigermaßen geriebenen Feldwebel mußten beim Anblick einer solchen braven Volksmasse am helllichten Tage die Träume von seiner göttlichen Mission in die Krone steigen und die gebratenen Tauben nur so ums Maul herumschwirren.

Das Elend des heiligen dreißigjährigen Krieges und die wirtschaftlichen und politischen Zustände, die ihm folgten, sind märchenhaft satanisch und spotten jeder Beschreibung. Es ist gar nicht zu schildern, was die Kleinstaatsfürsten und Duodeztyrannen bis herab zum Polizeibüttel für Tänze mit ihren Völkerschaften aufführen durften, ohne sich die Gliedmaßen zu verrenken oder sonstwie edlere Teile zu verletzen. Knigges „U m g a n g mit M e n s c h e n" war die reine sphärenhafte Ideologie neben dem praktischen Umgang der Fürsten und Herren mit den Unterthanen. Ja sogar noch unser vielberühmter deutschafrikanischer K a n z l e r L e i s t hat in seinem phantasievollen Verhalten zu den schwarzen Hinterteilen seiner Schutz- und Pflegebefohlenen und deren Weibern Flickschusterei geliefert im Verhältnis zu den Meisterstücken damaliger landesväterlicher Phantasiekunst, erprobt an einheimischer blonder und brauner Volksart.

Das ist wohl eine der schlimmsten Folgen absolutistischer Bevormundung, daß sie die Selbstachtung erdrückt und den Völkern das Vertrauen in die eigene Kraft und Würde zermürbt. Knechte und Narren daheim, Bediente und Affen draußen.

Sogar die wirtschaftliche Vorgeschichte des heutigen deutschen Reiches ist ein Kapitel, das aller stolz beschwingenden Größe entbehrt, würdig jener traurigen Vorgänge, die das alte Reich in Ohnmacht und Zersplitterung erhielten, als in den anderen größeren Staaten, in Frankreich, England, Holland eine zielbewußte Handelspolitik aufzublühen und die reichsten Früchte zu tragen begann.

Schon durch das sechzehnte und siebzehnte Jahrhundert gellte die Klage, daß das Reich nichts für die Industrie thue, und was später die Einzelstaaten auf dem Gebiete der nationalen Arbeit unternahmen, war durchweg so kurzsichtig, daß es Handel und Verkehr mehr hemmte als förderte, so daß man ruhig sagen kann, daß Deutschland am Anfang dieses Jahrhunderts politisch und wirtschaftlich auf der tiefsten Stufe stand im abendländischen Europa.

Die vielgepriesenen Stein=Hardenbergschen Reformen in Preußen hätten ohne den furchtbaren Druck des französischen Gewaltregiments unter Napoleon, der den Deutschen die ganze Erbärmlichkeit ihres Regierungswesens blutig zum Bewußtsein brachte, gewiß noch Jahrzehnte auf sich warten lassen.

Die Wirr= und Mühsale des Zoll= und Steuerwesens im alten Reich waren sprichwörtlich. Und als ein kühner, scharfblickender Geist auftrat, Friedrich List, unser erster und genialster Wirtschaftspolitiker, wurde er als Ideolog und Umstürzler von Land zu Land gejagt, bis dem verzweifelten, um Hab und Gut gebrachten Mann das dankbare Vaterland zum Lohn für seine großartigen Entwürfe und Pläne die Pistole in die Hand drückte, sein unglückseliges Leben zu endigen.

Aber auch dem gequälten, seinen Einheits= und Freiheitstraum treulich hegenden Volke schlug endlich die Stunde der Wiedergeburt. Wissenschaftliche, technische, handelspolitische und sozialökonomische Wandlungen hatten das Antlitz des alten Europa langsam verändert, Zug um Zug, und den Witz der Völker verändert, und Deutschland schüttelte endlich seine Jammerseligkeit ab und steckte eine heroische Miene auf.

Das „schneidige Instrument", auf das jetzt der Kriegsminister Bronsart v. Schellendorf in Berlin so heiter niederblinzelt, wenn er sich im Parlament die Zukunftsschlachtenbilder mit dem „inneren Feind" ausmalt, daß dem jüngsten Lieutenant das Wasser im Munde zusammenfließt und das Vaterunser in der Kehle stecken bleibt, dieses „schneidige Instrument" in der Hand unserer damals noch nicht kaiserlichen Armee, hat auf den französischen Schlachtfeldern neben einigen fragwürdigen das eine positive und nicht genug zu rühmende Wunder vollbracht, dem deutschen Volke eine höhere Schätzung seiner Kraft, eine kühnere Wertung seiner politischen und kulturellen Aufgaben geläufig zu machen.

So erstaunlich waren ihm seine frischen Siege, daß es bei Sadowa wie vier Jahre später bei Sedan der Welt verkündigte: Der deutsche Schulmeister hat gesiegt!

Freilich, bescheiden und ein wenig zopfig wie es damals noch war, hat es in der blendenden Überfülle seines Schlachtenglückes seinen Dank an den schlechtgelohnten Schulmeister, seine Millionendotationen hingegen an die reichbesoldeten Generäle adressiert, und das militärische Schauspiel der Kaiserproklamation in der Spiegelgallerie zu Versailles hat es aus der Ferne für ein echtes und gerechtes Volkseinheits- und Volksfreiheits-Weihefest empfunden.

Zwar unermeßlich viel kostbares Blut, aber kein Tropfen demokratischen Öls haftete an der neuen Kaiserei, die nur dank der persönlichen Schlichtheit und Anspruchslosigkeit des alten Wilhelm noch nicht voll in feudalen Rückfällen ins Mittelalterliche aufglänzte.

Von den gelehrten Professoren-Dichtern wurde freilich damals schon die neue Kaiserherrlichkeit weiblich lateinisch angesungen, und das Macte imperator, barbablanca triumphator erdröhnte damals wie heute der „Sang an Ägir" aus begeisterten Liedertafelkehlen. Poesie und Kunst stürzten sich in höfische Genealogie und Archäologie, der gemütsleere, anempfundene Historizismus bauschte sich auf in allerlei chauvinistisch lärmenden Schöpfungen des Pinsels, des Meißels und der Feder und täuschte dem Volke, dem schon wieder das Schauspiel des wüstesten Tanzes um das

goldene Kalb und der tollsten Spekulations- und Profitwut von
den führenden Klassen vorgemacht wurde, einen hellen, germanischen
Kunstfrühling in unendlichen Schlachtenpanoramas und theatralischen
Ruhmredigkeiten vor, einen Kunstfrühling, dessen Blüten sich frei=
lich gar bald als taub und duftlos erwiesen.

Während das geschlagene Nachbarvolk mit der Höllenpein
seiner nicht zu verschmerzenden Niederlagen in allen Eingeweiden,
in herkulischer Arbeit, unterstützt vom Kredit der ganzen Welt,
zunächst eine Revanche auf den friedlichen Gebieten
industrieller, künstlerischer und wissenschaftlicher Leistungen erstrebte
und bereits 1878 eine glänzende Weltausstellung vor dem
erstaunten Europa in Paris hinzauberte und zugleich die umstürz=
lerischen Gelüste der alten monarchischen Parteien in seinem Inneren
niederzwang und Fortschritt an Fortschritt reihte, hallten in dem=
selben Jahre durch das junge deutsche Reich die ersten Donner=
schläge der Reaktion. Der Ausbau des Reiches unter
Bismarcks Diktatur brachte statt volkstümlicher, freiheitlicher,
sozialreformatorischer Ruhmesthaten großen Stils die mißglückten
büreaukratischen Kulturkampfgesetze und als Krönung der
polizistischen Gewaltmaschinerie das unglückselige Ausnahmegesetz
gegen die Sozialdemokratie.

Schlimmer noch als die Kulturkampfgesetze mußte das
Sozialistengesetz wirken, weil es bei den Armen, Bedrückten und
wirtschaftlich Unterjochten die Meinung stärken mußte, der Staat
als Staat im Sinne der herrschenden Klasse leihe seinen wuch=
tigen Straf= und Verwaltungsapparat dazu her, einseitigste
Klassenpolitik zu gunsten der Arbeitgeber gegen die Arbeit=
nehmer zu treiben.

Damit war der Siegesjubelrausch verflogen, und vor der
brutalen Kürassierstiefelpolitik im Innern, die an allen Ecken und
Enden nichts als „Reichsfeinde" witterte, die niedergetreten werden
mußten, trat die kälteste Ernüchterung in ihr Recht, und die hef=
tigsten Klassen= und Interessenkämpfe erfüllten den glän=
zenden Rahmen des Reiches mit einem düsteren, traurigen Bilde.

Der Mann von Blut und Eisen, der ganz Europa zu Paaren
getrieben haben und der Welt gebieten wollte, versuchte nun das

Spiel mit der Bändigung des eigenen Volkes. Gleich als wäre das neue Reich nichts weiter als eine eroberte Provinz für das preußische Junkertum, wurden die Vertreter des Volkes auf das rücksichtsloseste behandelt. Prozesse wegen „Kanzlerbeleidigung" prasselten hageldicht auf die Reichsbevölkerung nieder, die sich die Knebelung durch Bismarck nicht widerstandslos gefallen lassen wollte, und um das Gleichgewicht herzustellen, wurde auch für die entsprechende Vermehrung von „Majestätsbeleidigungen" gesorgt.

Im Eifer der Anklage wurden sogar lammfromme Bismarck- und Königsverehrer wegen irgend einer drehbaren Bemerkung vor das Strafamt geschleppt und verurteilt. Ein be- und wehmütiger Publizist schrieb z. B.: „Friedrich Wilhelm II. war der edelste hohenzollerische Fürst" — flugs wurde eine Majestätsbeleidigung herausgedeutet, denn, argumentirte der Ankläger, wird ein toter Hohenzoller als „der edelste" geflissentlich gefeiert, so steckt dahinter eine bewußte Herabwürdigung und Beleidigung des lebenden Hohenzollers, unsers allergnädigsten Herrn, der auf dem Throne sitzt. Und so weiter mit Grazie und juristischem Scharfsinn. Daneben wurde fleißig in heimlichen Kanossa-Gängen und Papsthuldigungen gemacht und jeder geistigen und geistlichen Reaktion der Weg bereitet.

Die gebildete Gesellschaft, die in Besitz und Macht gealtert, etwas vertragen kann und auf das unterthänige Maskenspiel eingeübt ist, unterstützte äußerlich alle rückläufigen Strömungen, begab sich aber, zur Befriedigung ihres Nervenkitzels und ihrer greisenhaften Anregungsgelüste, aufs neue in litterarischen und künstlerischen und allen anderen feineren Dingen des höheren Wohllebens in Abhängigkeit von dem frischer und freier schaffenden Ausland. In der Architektur, vielmehr aber noch im Kunstgewerbe kann man den beschleunigten Wechsel in der vaterländischen Mode geradezu mit Händen greifen. In den rein technischen Künsten wurden ja wohl große Fortschritte gemacht, aber der Grundsatz „billig und schlecht" schlug gerade bei wichtigen, die Erziehung des Volkes zu besserem Geschmack wesentlich beeinflussenden Massenartikeln die gute Wirkung wieder nieder. England, Frankreich und sogar Amerika kamen den Deutschen vor und übernahmen die

Führung in den industriellen Phantasie- und Ausstattungskünsten. Siehe unsere Gewerbemuseen! Der größte nationale Künstler, der Dichter-Komponist Richard Wagner, empfing keinerlei Unterstützung durch das Reich. Sein „deutsches Olympia" in Bayreuth war auf private Patronatsscheine und internationalen Zuzug angewiesen, und ohne den großmütigen Partikularismus des bayerischen Königs Ludwigs II. wäre die kunstweltbewegende Schöpfung auf dem Festspielhügel am Main gar nicht möglich gewesen. Und trotzdem wuchsen dem herrlichen Unternehmen, das den Ruhm des deutschen Geistes in alle Welt trug, so schwere Bedrängnisse, daß nach der ersten Nibelungen-Aufführung 1876 die Thore des Bayreuther Festspielhauses bis 1882 geschlossen bleiben mußten.

Das allgemeine Stimmrecht, ohnehin eingeschränkt durch die Diätenlosigkeit der Reichstagsabgeordneten und korrumpiert durch alle erdenklichen offiziellen Wahlmachenschaften, ergab nichts weniger als eine ehrliche Vertretung des wahren Volkswillens. Man wollte nicht die stärksten Charaktere und hervorragendsten Geister der Nation für die Parlamentssitze, sondern vielmehr robuste Vertreter von Sonderinteressen und gewandte Virtuosen und Taschenspieler von Parteischablonen. Die Politik wurde ein Geschäft und zumeist ein sehr unreinliches Geschäft. Im Reichstage wurde nach dem Bismarck'schen Do ut des (Ich gebe, damit Du giebst — wie im Börsenspiel) geschachert und gehandelt — und es ist kein Wunder, daß die geriebenen Handelsleute der Zentrumspartei obenauf kamen und den Ausschlag gaben und den Wahlspruch „Für Wahrheit, Freiheit, Recht" in sein Gegenteil verkehrten.

So wurden von oben herab Zersplitterungen und Zerklüftungen ohne Zahl im Volke geschaffen und durch die strammste Handhabung des militärischen Drill- und Drucksystems die alte Ohnmacht des Bürgertums wieder zum dauernden Zustande erhoben. Dadurch wurde es dem Generalgewaltigen im Kanzleramte leicht, eine Partei um die andere, je nach dem Bedürfnisse des Augenblicks, an die Wand zu drücken und immer eine gefügige Mehrheit für die Forderungen der Regierung herzustellen.

Es war ein helles Vergnügen für jeden Unterdrückungssüchtigen zu beobachten, wie außerordentlich Bismarck die Kunst entwickelt hatte, mit dem Scheine regelrechten Verfassungslebens die autokratischste Willkür zu umkleiden. Wie mit den Vertretern des Volkes im Reichstag sprang der selbstherrliche Wille Bismarcks mit den Vertretern des Kaisers in der Diplomatie um, und wenn es eines Beweises bedurft hätte, daß Verfassung und Regiment im Reich auf die herrschende Persönlichkeit Bismarcks zugeschnitten war, so hätte man diesen Beweis schon im vielberufenen Prozeß Arnim finden können. Aber die nationalliberal verduselte Masse des deutschen Volkes hatte Ohren, um nicht zu hören, Augen, um nicht zu sehen.

Für jene Demokratie, welche die kraftvollen Individualitäten des Bürgertums entbinden und verwerten hilft, die intelligente Volksmacht steigert, im fröhlichen Wettkampfe Aller die Geister zu den höchsten Zielen stachelt und an der Leitung des Staates, an seiner freien Entfaltung auf allen Gebieten beteiligt, so daß die Gesamtentwicklung der modernen Nation auf der aufsteigenden Linie gesunden Lebens erhalten wird, war in der Reichspolitik ersichtlich niemals Raum. Durch Einheit zur Freiheit — in und mit der Freiheit zu kühnen, zeitgemäßen Reformen für den allgemeinen Wohlstand im Geistigen und Leiblichen: Träume, Schäume! Ein einig Volk von Brüdern, nicht Millionen Knechte mit einigen Herren, nicht die Bereicherung der kleinsten und die Proletarisierung der größten Zahl: Narretei! Aber Auswucherung der Armen zur Bereicherung der Reichen: Bravo! Hosiannah)!

Und in dieser hundsföttischen Stimmung und Gesinnung, in dieser politisch und sozial verdorbenen Atmosphäre wird unsere Jugend in Schulen und Kasernen erzogen! Wohin muß es da mit dem Stolz, mit der Selbständigkeit und Geradheit des deutschen Geistes kommen, wenn solches am grünen Holz geschieht? Und die Schaar jener, die aus besseren Verhältnissen stammend, gezwungen sind, in dieser neuen Gewaltordnung ihres Landes ihr Fortkommen zu suchen und nährende Stellungen in der Gemeinde und im Staate zu erringen, werden sie nicht im Gewissen verkümmern, im Charakter verkommen, wenn sie tagtäglich sehen, daß die höchsten Prämien für gesinnungslose Streberei, die fettesten Pfründen für die knechtische Unterwerfung und Heuchelei geboten werden? Daß der Mann, um sich in Brot und Stellung zu erhalten und sich und den Seinigen ein besseres materielles Los zu bereiten, erst den Mann in sich, den Gott in seiner Brust ermorden muß? Sic volo, sic jubeo — — Stumm sein ist alles, Hund!

Wie ein grauer Fluch liegt's auf allem, was im neuen Reich Bildung und Erziehung des Volkes von staatswegen heißt. Je mehr Zeit und Drillgewalt und Aufsicht darauf verwendet wird, desto mehr geht der höhere Schwung, die feinere Kultur, die edlere Humanität zurück. Absolut unzulänglich ist für ein modernes Volk, was in der konfessionellen Zwangsschule an Bildung erzielt wird. In allen Fragen künstlerischen und litterarischen Geschmacks ist sogar die große Mehrzahl der Gebildeten ratlos. Von einer weiteren Verbreitung tieferer nationalökonomischer Kenntnisse und Einsichten ist außerhalb der Welt der Arbeiter fast kaum die Rede. In allen wahrhaft großen Dingen, in der Behandlung der furchtbaren Probleme des Volkslebens, fehlt es im kaiserlichen Deutschland an Ernst und Kühnheit, überall ein Zurechtlügen und Zurechtbiegen der Thatsachen, ein zunftspielerischer Dilettantismus, eine Verflachung der wissenschaftlichen Arbeit, ein Zurückweichen vor den letzten Konsequenzen – sogar an den Hochschulen. Der Geist des Militarismus mit seiner Verwischung des Persönlichen bringt überall ein und bringt alles herunter. Alles ist öde wie ein Exerzierplatz, schablonenhaft, mechanisch wie eine Parade.

Der wachsende Stumpfsinn, die sittliche Blasiertheit ertrug's, daß jahrelang über die ersten Städte und Kulturmittelpunkte des Reiches der Belagerungszustand verhängt blieb, daß heute noch im Reichsland Elsaß-Lothringen der Diktaturparagraph zu Recht besteht und mit den ältesten, reaktionärsten französischen Gesetzen, die in Frankreich längst außer Kraft sind, gewirtschaftet wird in allem was die Freiheit der Presse, der Vereine und Versammlungen betrifft.

So lebte die Bürgerschaft der angeblich geeinten Nation freud- und friedlos wie in einem latenten Kriegszustand, sich gegen-

seitig mißtrauend, sich gegenseitig denunzierend, sich nährend von den trübseligsten Meinungen und ausgehungertsten pessimistischen Philosophemen. Und die großen Dichter und Denker, die furcht=
losen Rufer im Streit, wo waren sie, wo ihr Platz, wo ihr Publikum?

Nur vielleicht die ehrenwerte „Familie Buchholz" des Herrn Dr. Julius Stinde allein glaubte in diesen unheilschwangeren Zeiten noch in der besten aller erdenklichen Welten zu leben und mit ihrem dünnen Berliner Humor und Kalauerwitz Europa zu imponieren. Wenigstens stellte Fürst Bismarck Herrn Stinde das Zeugnis des vergnügtesten Reichsdichters aus, denn die „Zukunft" des Herrn Harden war damals, als Buchholzens florierten, für die belletristischen Bedürfnisse Seiner Durchlaucht noch nicht erfunden und „König" Stumm hatte sich noch nicht mit der vollen Wucht der Unfehlbarkeit als oberster Sozialphilosoph des Reichs auf der Tribüne des Parlaments aufgethan und seiner Verachtung des „Größenwahns grauer Theorien" den klassischen Ausdruck verliehen.
Hurrah, das wäre die Lösung aller Konflikte nach dem Herzen dieses Gottbegnadeten: das ganze Reich regieren, als wär's ein einziger rheinischer Industriebezirk oder ein einziges ostelbisches Rittergut! Das gäbe Stoff für ein Zukunft=
Vergangenheits=Drama des Hohenzollern=Dichters v. Wildenbruch! Und auch Friedrich Nietzsche hatte dem Meister Wagner den übermenschlichen Fußtritt noch nicht gegeben und war noch nicht total verrückt geworden, und seine Schriften bildeten noch nicht den Angelpunkt im Umwertungsprozeß aller Werte. In Frankreich herrschte noch Zola, und das Stichwort décadence und fin de siècle war noch nicht gefallen. Die Welt kaute noch an den „Kon=
ventionellen Lügen der Kulturmenschheit" von Nordau, ahnungslos, daß ein Herr Langbehn in Dresden als heimlicher idealer Normal=
deutscher seinem Volke einen neuen Erzieher zu der Legion alter im wiedergeborenen „Rembrandt" trainierte. Aber auch Quidde hatte dem kaiserlichen Deutschland seinen ruhmreichen Onkel „Cali=
gula" noch nicht vorgestellt.

O schöne Zeit, da man noch mit dem Trompeter von Säk=
kingen sich vollschwärmte: „Behüt' dich Gott, es wär' so schön

gewesen, behüt' dich Gott, es hat nicht sollen sein" — mit dem obligaten Trompetensolo.

Allerorts, in allen Verwaltungszweigen des Reiches und der Einzelstaaten wuchsen die Lasten und Bedrückungen regelrecht weiter, die Steuern gingen schwindelnd in die Höhe, eine Heeresvorlage trat der andern auf die Ferse, das Reichsschuldenmachen ohne jede Spur eines Reichsschulden-Tilgungsplans wurde mit wahrhaft burschikoser Lebhaftigkeit gepflegt — ob das alles eines Tages wieder zurückberappt oder überhaupt noch verzinst werden kann, wer wollte sich in seiner Sünden Maienblüte darob quälen?

Der „kleine Mann", der Handwerker, der Bauer, der Lohnarbeiter, das Fabrikkind, die erwerbende Frau — ach, sie alle, die guten, treuen Lasttiere, sie werden ja wohl brav sich weiter rackern, den indirekten Steuersäckel des Staates füllen helfen im Schweiße ihres Angesichts und sich duldsam nach der Decke strecken, die ihnen unsere herrlichen Wirschaftssysteme längst vom Leibe gezogen haben. Hier ist ein Wunder, nehmt es an!

Freilich, die von Jahr zu Jahr anschwellende Anhängerschaft der Sozialdemokratie, die bei den Reichstagswahlen trotz aller Zerschmetterungs-Gesetze und -Sprüche auf ihre rund zwei Millionen Stimmen rechnen kann, hat scheinbar etwas Unheimliches. Aber die Herren Obenauf fürchten nur Gott und sonst nichts auf der Welt — und Gott ist mit ihnen, sonst wären sie ja nicht obenauf, die Herren Obenauf! Nichtwahr, Herr v. Stumm? Es ist schon so!

> Den Teufel spürt das Völkchen nie,
> Und wenn er sie bei'm Kragen hätte.

Gütig und erfinderisch wie man im hohen Olymp der Gewaltigen ist, probierte man nach vollbrachtem Gewaltschlag mit dem pompösen Ausnahmegesetz gegen die Sozialdemokraten allerlei Billigeres, um der wachsenden Mißstimmung im Volke zu wehren. Man stürzte sich in das heiße Afrika voll Kulturbegier, um den erstarrten Reichspatriotismus aufzuwärmen: Da seht, die Wilden sind doch bessere Menschen, sie gehen für uns ins Feuer! Man hißte eine Reichsflagge nach der andern im dunkelsten Erdteil, um die heimischen Verlegenheiten zu verbergen und später den lieben englischen Vettern etwas schenken zu können. Man schuf ein ganz neues Modell von riesigen Reichssparbüchsen in Gestalt von Zwangs=versicherungsanstalten, damit die armen Leute schon in jungen Jahren ihren Überfluß für eine Altersrente loswerden konnten, die in dem schönen und seltenen Alter von siebzig Jahren erst fällig wird und dann nicht mehr zu ungesunder Genußsucht verleiten kann. Den Verwaltungsapparat dieser Riesensparbüchse baute man so umfangreich und kostspielig als möglich, damit man recht viele Leute zu seiner Bedienung nötig hatte und somit gleich der zunehmenden Beschäftigungslosigkeit ein Bein stellen konnte. Um die Freude zu erhöhen, durften die fleißigen Sparkinder ihre Beiträge in Form von Marken einkleben, ein süßes Leckgeschäft, das niemals seine Wirkung auf verwöhnte Zungen verfehlt. Kaiserliche Botschaften ergingen ins Land, um den Gläubigen das Evangelium sozialer Reformen zu verkünden — und so weiter. Daß aber mit allen diesen so pomphaft angekündigten Versicherungsgesetzen **der Kern der Sozialreform** auch nicht einmal gestreift wurde, lag für jeden auf der Hand, der einen ungetrübten Blick in die wirklichen Verhältnisse gethan. Dunst, aber keine That.

Mag man all das galgenhumoristisch oder kühl staatsmännisch ansehen, man wird immer wieder bei der Empfindung angelangen, daß es weder den Regierenden noch den Regierten in ihrer Haut wohl sein kann und daß mit geringen Ausnahmen sämtliche gesetz=geberische Handlungen das Zeichen **unsicherer Versuche** an sich tragen.

Es ist ein ewiges Experimentieren, was sich vor unsern Augen abspielt. Nirgends eine gesunde, solide Grundlage, nirgends ein hohes, befriedigendes Ziel, nirgends eine fraglose Begabung zur gesetzgeberischen Bemeisterung der schlimmen Lage. **Überall Halbheiten und Widersprüche.** Überall eine fieberhafte Hast, Gesetz an Gesetz, Vorschrift an Vorschrift zu reihen mit dem Erfolg, morgen unzulänglich oder verkehrt zu finden, was heute als aller staatsmännischen Weisheit letzter Schluß ausgeboten wurde.

Von einer wahrhaften **sozialreformatorischen Organisationsarbeit des Staates** war seither in dieser ganzen dilettantischen Bureaukratenwirtschaft nichts wahrzunehmen. War es nicht ein charakteristisches Zusammentreffen, fragen wir mit einem wirklichen Staatsmann (nicht mit einem Parvenü des Regierens), daß zur selben Zeit, wo ein Führer der deutsch=konservativen Partei an den Vertreter der **brutalsten Repressivpolitik** warme Worte der Anerkennung richtete, der Führer der englischen Konservativen, **Balfur**, in Manchester eine Rede hielt, in welcher er ausführte, **der großen, auf ganze Arbeitszweige ausgedehnten Produktionsgenossenschaft gehöre die Zukunft**? Nur solche Genossenschaften seien im stande, die Arbeitskrisen u. s. w. zu beseitigen. Aber die maßgebenden konservativen Kreise im deutschen Reich sind Gegner selbst dieser mildesten Form neuer sozialer Organisation.

Der „Heros des Jahrhunderts", als welchen man Bismarck so überschwänglich in nationalliberalen und konservativen Kreisen feierte, hat in allen sozialen und wirtschaftlichen Fragen dem Menschlichen, Allzumenschlichen reichlich Zoll entrichtet, und wenn er nicht selbst die Flinte ins Korn warf, so hat doch ihn die Flinte manchmal bedenklich geworfen. Ihm als dem unerreichbaren, denkbar größten Staatsmann Altäre zu errichten, dazu hat das deutsche Volk wahrlich keinen Grund, will es nicht lächerlich unzeitgemäße Götzendienerei treiben. Das Sprichwort, daß unter Blinden der Einäugige König ist, sollte männiglich zu vorsichtiger Zurückhaltung mahnen. Womit jenen Zügen in Bismarcks Wesen, die Spuren wahrhafter Größe zeigen, nicht zu nahe getreten werden soll. Wenn ringsum Knirpse auf den Ministersesseln saßen, er war ein Riese — aber der „Knecht seines Herrn". Wenn ringsum in der Diplomatie ein Geschlecht von Sperlingen schwatzte und flatterte, er war ein Adler — aber der „ehrliche Makler" seines Vorteils. Wo er auf verweichlichte Narren traf, war er ein ganzer Mann — aber er steckte den päpstlichen „Christusorden in Brillanten" ins Knopfloch. Und so fort.

Wenn es ein Trost ist, im Unglück Genossen zu haben, so konnte sich allerdings das deutsche Volk ganz billig mit dem Ge=

danken trösten, daß es andern europäischen Völkern gerade auch nicht besser gehe, daß **Portugiesen** und **Griechen** und **Italiener** dem Staatsbankrotte entgegensegeln, daß in der **Polakei** und **Bulgarei** nicht alles stimmt, daß **Serbien** seinen Milan habe, daß den **Russen** die Knute und der Hunger weh thue und Sibirien nicht der angenehmste Ferienaufenthalt für freigesinnte Männer und in **Frankreich** „Panama" kein leerer Wahn sei und noch lange nicht alles Gold, was aus der Republik über die Vogesen und den Rhein herüberglänzt, daß der deutsche Bevölkerungsteil in **Österreich-Ungarn** wie unsere Stammesgenossen in den **baltischen Landen** von den rücksichtslos aufstrebenden Völkerschaften der **Slaven** gedrückt und getreten werden, bis ihnen der Dampf ausgeht, daß überall die wirtschaftliche und soziale Frage einen wahren Rattenkönig von bösen Problemen bilde — und so fort.

Ja, zum Teufel, untröstlich ist's noch allerwärts. Aber was oll uns das? Sind wir damit aufgerichtet, daß andere sinken? Ist es wirklich so weit gekommen, daß ein Helden- und Siegervolk, das alljährlich am Sankt Sedanstag mit Pauken und Trompeten das **Fest seiner Wiedergeburt** feiert, in ganz Europa nach Vergleichen sechten gehen muß, um seine politische und wirtschaftliche Lage auszuhalten?

Muß sich **Rothschild** täglich einen Schnorrer vorstellen lassen, um sich notdürftig zu vergewissern, daß er einige Mark mehr in der Tasche habe, als der erste beste Lumpenhund? Und waren wir nach den gepriesenen kolossalen Siegen und dem unermeßlichen Milliardensegen nicht der Rothschild unter den Völkern?

Hat uns denn nur ein Traum genarrt, wenn wir unsern Ruhm in allen Büchern und Zeitungen und „Gartenlauben" beschrieben und illustriert sahen, wenn wir Siegessäulen und Schlachtenmonumente und Feldherrn- und Kanzlerdenkmäler auf allen Plätzen erblickten und Kaiser- und Bismarcknamen auf allen Straßenschildern lasen?

Oder war es vielleicht so, daß militärisches, diplomatisches und fürstliches Glück allein heutzutage ein Volk nicht mehr selig macht? Daß die Zeiten längst vorbei sind, wo ein Polenkönig vergnügt ausrufen konnte: Ich bin betrunken, folglich müssen alle meine Unterthanen den schönsten Rausch haben? (J'ai bu, toute la Pologne est ivre.) Sollte das wirklich nur ein Katzenjammer sein, was 50 Millionen Deutschen, die Fürsten und „die Besten und Edelsten der Nation" ausgenommen, Haarweh machte und die Stimmung im Hirn und Gemüt verdarb? Oder lag ein tieferer politischer Schaden zu Grunde oder ein germanisches Familienübel, oder wars der Schwangerschafts= Ekel, der der Entbindung einer neuen Kulturepoche vorauszugehen pflegt — und war am Ende das Jahr 1870 mit seinen nächsten Folgen überhaupt gar kein Anfang, sondern ein Abschluß, und kündigt sich jetzt erst unter furchtbaren sozialen Wehen und Krämpfen das Neue an, eine reformierte oder revolutionierte Kulturwelt, eine „Renaissance der Renaissance", die wir erst ahnen, aber noch nicht fassen, auf die wir uns noch nicht einrichten können, weil wir noch zu viel „Urväter Hausrat" in Gedanken und Ein= richtungen mitschleppen? Was ist los, welches sind denn eigentlich die Zeichen der Zeit und ihre Deutung?

Incipit Zarathustra —

In der That hob jetzt kraft einer immer stärker anschwellenden Ideenströmung, die von Land zu Land ging, auch bei uns eine Revolution der Litteratur an, und in den Künsten brach eine Sezession nach der andern aus.

Die Jüngstdeutschen, von dem impotenten Spott der grauen Banausen „Gründeutsche" gescholten, als ob Jugend, Jugend= feuer, Werdedrang und Wagemut schändliche Eigenschaften und Verbrechen wären, sammelten sich um die von mir begründete „Gesellschaft" (Weihnachten 1884). Mit elementarem Zeter und Mordjo ging das neue Feldgeschrei aus, das immer und überall erschallt, sobald das Alte und Abgelebte zu einem unerträglichen Druck für den lebfrischen, schöpferischen Geist geworden: „Natur! Wahrheit! Freie Luft, freies Licht um jeden Preis! Nieder mit den Götzen des Akademismus und Konventionalismus! Nieder mit den Lügenpetern eines hohlen Idealismus! Blutiges, heiß= zuckendes Leben in Kunst und Dichtung, ungeschminkte Wahrhaftigkeit in allen Dingen des öffentlichen Handels und Wandels, Schaffens und Wirkens! Keine Himmelei und Schwimmelei! Erde und Erd=

geruch), volle Diesseitigkeit in allen Lebensfragen, volles Ausleben
der Persönlichkeit in ihrer natürlichen Eigenart, Entbinden aller
machtvoll gestaltenden Triebe und Leidenschaften, jenseits von Gut
und Bös, jenseits von aller engherzigen Moral und überlieferten
Schulautorität!"

Und neue Tinten und Farben wurden gemischt und in einer
neuen Wertskala vorgetragen, neue Stoffe und Ideen in den Kreis
der Behandlung gezogen und Probleme aufgeworfen, vor denen die
Alten sich bekreuzten. Die führenden Geister des Auslandes, Zola,
Ibsen, Björnson, Dostojewski, Tolstoi u. s. w. wurden
uns herrliche Mutmacher, Richard Wagners königlich schönes
Lebenswerk unser heroisches Vorbild. Alles Gewaltige, Majestätische,
Furchtlose unserer unvergleichlichen deutschen Väter, die auf den
Sonnenhöhen unserer Vergangenheit wandelten, war uns glühend
verehrtes Ideal, Trost und Labsal. Nur heraus aus dem Klein=
lichen, Alltäglichen, Ewiggestrigen, Philisterhaften, Duckmäuserlichen.
Und wenn Heyse und die Seinen immer noch zierliche poetische
Korkschnitzelei übten, Wolff und Baumbach minnesängerlich
und vagantisch flöteten, die Familienblatt=Dichterlinge breite Wasser=
suppen servierten — Gottfried Keller, Theodor Storm,
Konrad Ferdinand Meyer, Theodor Fontane, Anzen=
gruber, Scheffel und Freytag in ihren besseren Stunden
dichteten schon ganz anders, und wenn der tüchtige Lenbach immer
noch Kanzler, Kaiser, Päpste, Minister a. D. malte — Böcklin
Liebermann, Fritz v. Uhde, Klinger, Hans Thoma
malten und griffelten eine ganz andere, fröhlichere und tiefsinnigere
und vielsagendere Welt zusammen — und ihnen nach drängte eine
Schaar phantasievoller, naturberauschter Pinselschwinger. Freie
Bahn den jungen Talenten!

Das war nun im bismarckisch gedrückten, preußisch ver=
nüchterten, militärisch und büreaukratisch verdrillten, akademisch
wohlanständigen Philister=Reich ein schauerlicher Schreck und eine
polizeiwidrige Vogelscheuche. So alle Schönheit und Feinheit mit
Füßen zu treten, o diese Tempelschänder, jammerten die Idealistischen
und Konventionellen in Amt und Würden und fetten Einkünften.
Gewiß! Alle, die sich nicht zu der Einsicht aufzuschwingen

vermochten, daß naturgemäß alles Geistigneue und Frischtemperamentsvolle mit Maßlosigkeiten beginnen, daß der Frühling immer mit Eisgängen, Stürmen, Überschwemmungen, eruptiven Strahlenbündeln den Winter verscheuchen muß, sie hatten ein Recht, ein lächerlich heiliges Recht, skandalisiert und empört zu sein.

Aber was bedeutete denn der Vorgang im Grunde? Was drückte das grelle Schauspiel aus? Nichts anderes, als den uralten Satz jeder Kulturentwicklung, daß die wechselnden Richtungen und Ideale in Kunst und Dichtung nichts sind als die S p i e g e l b i l d e r der veränderten Zeitideen und Zeitstimmungen, welch' letztere wieder hervorgerufen wurden durch die Verschiebung der alten materiellen und geistigen Lebenskräfte und durch die Erzeugung neuer Potenzen infolge von Abstoßung, Anziehung und Mischung. Als ob der ungeheuere, unbegreifliche W e l t p r o z e ß, in welchem wir Menschen als winzige Teilchen leben und weben, irgend einem faulen Ruhebedürfnis zuliebe auch nur eine Sekunde stillstände! Als ob das Rad der Zeit in seinem Sausen inne hielte und eine Umdrehung weniger machte, weil ein verhockter Säusler fleht: Verweile!

Auch die Ä s t h e t i k, die Lehre vom Schönen, haben wir nicht minder wie die E t h i k, die Lehre vom sittlich Guten, heute auf e n t w i c k l u n g s g e s c h i c h t l i c h e r G r u n d l a g e neu aufzubauen und den alten idealistischen Philosophen-Schmarren à la Carriere-Wonnebrunzler und Genossen auf den Mist zu werfen. Denn auch auf diesem Gebiete entwickelten sich die treibenden und leitenden Ideen der Menschen aus dem mechanischen Kampfe um das materielle Da- und Wohlsein, und von da an gehen soziale Entwicklung und Entwicklung der ethischen und ästhetischen Ideen wechselseitig Hand in Hand. Darum sind auch sozialer Fortschritt und Veränderungen in Form und Inhalt der Kunst nicht zu trennen. Die gesunde Kunst knüpft immer und überall an die Bedürfnisse der Zeit an.

Keine Spur von Schuld oder Verantwortung trifft die Stürmischen, die in wildem Anlauf alles „bewährte Alte" über den Haufen zu rennen scheinen — nur scheinen, denn nichts wahrhaft Großes und Starkes wird überrannt, es tritt bloß in eine neue Wertungssphäre. Das Gesetz von der E r h a l t u n g d e r K r a f t gilt auch in der Kunst. Der konzentrierten Lebensenergie einer mächtigen Persönlichkeit als dem geistigen Ausdrucke ihrer Zeit können auch spätere Zeiten, Umschwünge und Moden nichts anhaben, sie bleibt siegreich mitten in der unendlichen Masse des Geschaffenen. Soziologisch betrachtet, spricht nicht der Philosoph A, dichtet nicht der Dichter B, malt und meißelt nicht der Künstler C, musiziert nicht der Komponist D, sondern aus ihnen allen, sofern sie wahrhaft schöpferische Individualitäten sind, philosophiert, dichtet, malt, meißelt, musiziert die hochflutende soziale Ideen- und Gefühlsströmung; es ist der neubelebte Volksgeist, die neubeschwingte Gesellschaftsseele, die sich in diesen Stürmern und Drängern und Umstürzlern ihre neuen Körper und Dolmetscher baut. Wie anders könnten sonst die Schöpfungen der Kunst und Dichtung als **soziale Dokumente**, als **Kulturzeugnisse** ganzer Völker und Zeiten gelten, wenn die Werke der Einzelnen nur dem persönlichen Eigenwillen und Eigensinn entsprungen wären?

Drum ist's auch vollkommen in der Ordnung, wenn in einer revolutionären Strömung neben dem Naiven, Köstlichen, Tröstlichen, Herrlichen zugleich alles zusammenfließt, was aus dem Verdorbenen und Mißständlichen der Volksgemeinschaften stammt, als Geistes- und Gemütsniederschlag sozialpolitischer, volkswirtschaftlicher und allgemeinmenschlicher Verelendung und tierischer Reaktion. Auch die Kultur der Höchstmögenden, Höchstbesitzenden und Höchstverfeinerten hat ihre **Kloaken** — was schreit ihr, wenn's zuweilen auch einmal in Philosophie, Kunst und Litteratur nach euren Kloaken duftet? Und wahrhaftig, der „Geruch der Heiligkeit", mit dem ihr eure „schönen Seelen" zu umgeben trachtet, ist oft für die ehrlichsten Nasen nicht vom Gestank zu unterscheiden. Also spart euer Geschrei und eure Pfuirufe und Verzweiflungs-Gesten.

Traurig genug, daß nicht nur diese „oberen Zehntausend", sondern weite Schichten des Volkes durch die politische Versimplung in **Nerven und Geschmack** so herunter waren, daß sie in dieser herzerfrischenden litterarisch-künstlerischen Bewegung nur den Schmutz sahen und das Häßliche, nicht aber das göttliche Feuer der Wahrhaftigkeit, nicht den prachtvollen Ernst jugendlichen Denkens, nicht die entzückende Rücksichtslosigkeit, womit jetzt das gesamte leibliche und geistige Leben der Nation ergriffen und gestaltet, und wie mit den eisernen Pflügen des Naturalismus der konventionell erstarrte Boden des Volkstums aufgerissen werden sollte zu dampfenden Furchen und Schollenbergen rechts und links für neuen Samen. Und immer wird es der Ruf nach Natur, nach Wahrheit sein, wenn eine junge Generation aus der Versumpfung heraus und in ein frischeres, blühenderes Leben hinein und ihre eigensten ästhetischen und ethischen Herzensbedürfnisse ausdrücken und künstlerisch gestalten will in reicher individueller Mannigfaltigkeit. Die Wahrheit ist das höchste und reinste Gut der Kulturmenschheit, ohne sie lohnte es nicht der Mühe als Mensch unter Menschen zu leben; sie ist der Leitstern, ohne den alles künstlerische Streben in die Irre gehen, in läppischer Spielerei oder in Nacht und Grauen versinken müßte.

Ich bin überzeugt, daß spätere Jahrhunderte über unsere Politik und Politiker lachen und von den heute so zähe verteidigten staatlichen Ordnungen wenig mehr vorfinden werden; das ganze Epigonentum unserer Klassik und Romantik wird dann gleichfalls verschollen sein, und vom neunzehnten Jahrhundert wird man nur noch wissen, was in seinem letzten Drittel die großen Meister Wagner und Böcklin, Klinger und Hauptmann, die „Neutöner" in Wort, Klang und Bildwerk Joseph Sattler und Detlev v. Liliencron, Hermann Bahr und Hugo Wolf, Richard Strauß und John Henry Mackay, die Brüder Hart und Otto Erich Hartleben, Johannes Schlaf, Hermann Conradi, Rudolf Maison, Bierbaum, Stuck und die übrigen Bahnbrecher und Ausbauer einer neuen selbstherrlichen Kunst mit heißem Bemühen erstrebt und zum Teil auch in reifen Schöpfungen vollendet haben.

Und daß diese hinreißend begabten Männer Stolz besaßen und den Bismarckischen „Raketensatz im After", das nannte die zeitgenössische biedere Philisterwelt ihren „Größenwahn", und als Geschmacklosigkeit, Gemeinheit und Satyriasis brandmarkte sie den genial demokratischen Zug, der dieser reichen Bewegung in ihren Anfängen aufgeprägt war.

Und aus der offiziellen Welt türmte sich Widerstand auf Widerstand, namentlich gegen die junge Litteratur, der Polizeispieß wurde geschwungen, Realistenprozesse inszeniert, die Theatersperre verhängt, Verrufserklärungen und Verfehmungen ausgesprochen, die öde und blöde Philisterei der im Besitz Versumpften und Verdummten, die Feigheit und Verlogenheit der im schönseligen Dusel Verdorbenen wurden unter mächtigem kritischen Sturmläuten in der Presse zum Kampfe aufgerufen — heiliger Hanslik! — bis endlich mit aller Dummheiten und Verschrobenheiten Hilfe das Chaos fertig war. Die große, gesammelte Wirkung des neuen Kunstgeistes auf die Massen war damit zunächst gebrochen, die helle Freudigkeit selbst bei den Schaffenden getrübt. Auch der demokratische Zug wurde merklich verwaschener.

Von der mächtigen Hauptströmung zweigten sich nach und nach allerlei Nebenströmungen in Rinnsalen und Tümpeln ab. Allerlei Verstörtes, Krankhaftes, mit mystischen Träumen und hyperästhetischen Experimenten Spielendes drängte sich vor, so daß wir nach der Schätzung der Volksmeinung heute mit der Revolution in Litteratur und Kunst dahin gelangt wären, wo wir ersichtlich in der Politik angelangt sind — bei den Irrflammen des **Nervosismus**, bei der Dékadence, beim Fin de siècle, bei dem aristokratisch-absolutistischen **Brutalismus**, bei den Wahnvorstellungen von der Herrschaft des **Übermenschen**, bei der **Verabscheuung alles Demokratischen und Volkstümlichen**.

* * *

Eine Einschaltung, zum Ausruhen im Zurückblicken.
Demokrat? Was ist ein Demokrat?

Es gab eine Zeit, da stellte man sich unter dem Demokraten einen vierschrötigen Menschen vor mit großem Schlapphut, großem Bart, ungewaschenem Maul, unfrisierten Redensarten, Knotenstock und ähnlichen derben Sachen — also einen plebejischen Rabaubruder oder einen geschmacklosen Querkopf, einen parteimäßig verschrobenen Oppositionslümmel, einen grundsätzlichen Verächter reiner Wäsche, feiner Manieren, künstlerischer und wissenschaftlicher Wohlerzogenheit, einen vorsintflutlichen, roten Phrasenhelden.

Diese Vorstellung, ein Nachklang der achtundvierziger Karikaturen aus der Reaktionszeit der fünfziger und sechziger Jahre, verblaßte, als die Sozialdemokraten anfangs der siebziger Jahre auf der politischen Bühne mehr und mehr in den Vordergrund traten und das öffentliche Interesse immer nachdrücklicher beschäftigten.

In den altbürgerlichen Witzblättern bekamen dann die Sozialdemokraten die Garderobe der einfachen Demokraten: Schlapphut, unfrisierte Schnauze u. s. w. zugeteilt und die rote Krawatte dazu. Die wenigen überlebenden bedeutenderen Köpfe unter den einfachen Demokraten wurden dafür mit Seife und Pomade behandelt, erhielten ein Tröpfchen Petroleum ins Schnupftuch und galten als Sonderlinge, die archäologisch interessant und umgängliche Menschen geworden seien, denen man die antiquierte Schwärmerei für die schwarzrotgoldene Fahne und ähnliche abgestandene politische Sentimentalitäten nachsehen könne.

Je gefährlicher die jungen Sozialdemokraten, desto harmloser erschienen den guten Leuten die alten einfachen Demokraten mit ihrem Phrasensack. Als Partei schrumpften sie neben dem riesenmäßigen Anwachsen der Sozialdemokratie bis zur Unsichtbarkeit zusammen, sie waren unvermögend geworden, sich einen kraftvollen Nachwuchs zu züchten, und in nur wenigen Gegenden Süddeutschlands, hauptsächlich in Schwaben, kamen sie noch echt vor. Wer sollte an dieser aussterbenden Spezies noch Reiz und Gefallen finden oder ihr gar bestimmenden Einfluß auf die politische Entwicklung großen Stils zutrauen?

Aber da kam das Sozialistengesetz und mit ihm eine **neue politische Empfindungs- und Wertungsweise**. In den leitenden Regionen wuchsen die absolutistischen Gelüste, die Überhebungsgefühle des Feudalismus und Militarismus, in den unteren Regionen der wirtschaftliche Druck, die ratlose Armseligkeit, bei den Parteien erstarkte mit den Instinkten der Selbsterhaltung der Autoritätsgeist, die Unduldsamkeit, der Größenwahn — und als das Sozialistengesetz nach wiederholter Verlängerung außer Kraft gesetzt worden war und die unerhörte Spannung nachließ, da trat mit der aufjauchzenden Sozialdemokratie auch die einfache Demokratie mit verjüngter Kraft auf den Schauplatz. Die Demokraten hatten sich reichs- und wirtschaftspolitisch als **Volkspartei** zusammengefunden, der Demokratismus als Gesinnung und Charakter schuf sich neue Daseinsformen, wobei er sich freilich zunächst sehr nach der Decke strecken und mit geringem Aufwande sparsam hausen mußte.

Aber gerade diesem verinnerlichten Gesinnungs- und Charakter-Demokratismus erwuchsen nicht nur in der Politik, sondern auch in Litteratur und Kunst heftige Verächter und Feinde. Man fragte in den Kreisen der Aesthetischen nichts nach Programmen und Zielen, nichts nach dem, was sich aus der wirtschaftlichen und politischen Entwicklung als einfachste Tagesnotdurft wie der fortwährenden, beschleunigten Verschiebung aller Kultur- und Besitzverhältnisse als neue Aufgabe für den modernen Mann und Bürger ergab — nein, nicht im Traume! Man stellte sich schwungvoll jenseits von Politik, Staat und Volksleben und blickte aus Wolkenhöhen verachtungsvoll auf allen Demokratismus herab.

Die jungen Dichter und Künstler von der neuen Observanz der Alleinherrlichkeit, die kaum ins Leben hineingeschmeckt, fühlten sich plötzlich unbeschreiblich aristokratisch. Und je fragwürdiger ihre Herkunft und Existenz, desto bestimmter war ihre über Nacht gewachsene Vornehmheit. Absolutes Künstlertum, das war ihre große, einzige Lebensparole für und für. Das war ihr Übermenschentum, ihr unermeßliches Anundfürsichsein. In Kleidung und Haltung, Mienen und Gebärden, Worten und Werken wähnten sie der dummen, gemeinen Welt nur einen Ausdruck zu schulden: Wir Erhabenen!

Ganz natürlich gab's für diese Erhabenen keine Arbeit, keinen Kampf, keine ringende Erkenntnis. Das wäre ja alles furchtbar plebejisch — gut genug für die lumpigen Handwerker des Geistes. Für sie, für die Herren in der Höhe, gab's nur Symbol, Vision, Seelenkunst, Majestät der Schöpfung, Überwindung und Übertrumpfung alles Herkömmlichen und Irdischen, Göttersiege ohne Mühe und Schweiß.

In diesen wundervollen Wolkenhöhen der absoluten Künstlerherrlichkeit, der geistesaristokratischen Nobelmeierei hatte man nur ein ironisch-mitleidvolles Lächeln für Plebejismen wie Volkstümlichkeit, nationale Eigenart u. s. w. Ach, Volk, — giebt's denn das überhaupt noch? Volk — nein, aber das muß etwas unglaublich Ordinäres und Unkünstlerisches sein. Volkstümlichkeit in Kunst und Dichtung — was nicht gar! Wo wächst denn diese triste Tugendpflanze? Nationale Eigenart? Gedeiht denn so was ohne Heerdengefühl, Massengesinnung, Stallerziehung, Marktplatzkram, Bürgerversammlung, Vereinsbruderschaft, müffige Zünftlerei? Puh! Wenn diese Ätherischen jeweils doch mit dem Boden eines Vaterlandes sich gemein machen mußten, so wollten sie es höchstens als — „gute Europäer" thun.

Und damit war die ganze Selbstherrlichkeit und göttliche Ursprünglichkeit dieser nervösen Herrschaften verraten: ihre Herkunft aus schlecht empfundenem, unverstandenem Nietzscheismus — aus gigerlhaftem Zarathustra-Affentum.

Trost und Vergnügen ist's, unter den deutschen Dichterinnen eine Reihe frischer, gesunder Mannesnaturen zu finden: Ebner-Eschenbach, Marriot, Juliane Déry, Rosmer und drei, vier andere Schriftstellerinnen sind ein glücklicher Ersatz für einige Dutzende Dekadenz-Schwerenöter von der traurigen Gestalt. Das Weib steht von Haus aus der Natur näher und leidet weniger unter den vertrakten Geschichten, welche die Flegel- und Jünglingsjahre der armseligen Mannsbilder beherrschen.

Neben Nietzsche muß auch Richard Wagner als Quelle für die verkehrte Gegensätzlichkeit von Demokratismus und Künstlertum angesehen und erforscht werden. Keiner hat größer, edler und liebenswürdiger vom Volke, seinen Fähigkeiten und Idealen gedacht, als der Bayreuther Meister. Aber über Demokratisierung der Politik und des Kunstgeschmackes hat er in seinen letzten Schriften bitterböse Dinge gesagt. Er sah in der Demokratie nur den schlimmen Ausschnitt der siebziger Jahre, das ekelhafte Erbrechen nach dem Schwelgen an der Siegestafel des deutsch-französischen Krieges, die schmutzige Ausbeutung des Deutschgedankens durch das internationale Spekulantentum in der Presse, in der Theaterspielerei und jeder Art von Tingeltangelei. Ein Komplex von Beobachtungen, Stimmungen und Urteilen im Leben des Meisters, der sich dem heutigen Geschlecht nicht mit ein paar Worten verständlich machen läßt. In diesem Komplex steckt auch die Wurzel von Wagners Antisemitismus.

Unsere jüngsten Litteraten und Künstler der Atelierkunstspezies brauchten sich nur einmal darauf zu besinnen, welcher Art der Kunstgeist und die Schönheitsseele in der tonangebenden historischen Aristokratie unserer alten Monarchien ist, um sich bewußt zu werden, daß nur aus demokratischer Umpflügung unserer gesamten staatlichen Zivilisation Hoffnung auf fruchtbare Erneuerung des Kunstgeistes in seiner Wechselwirkung mit dem intensivsten Volksleben geschöpft werden kann.

Die oberen Zehntausend malen uns jetzt auch in Deutschland den Teufel des Umsturzes an die Wand, um mit den Mitteln schärfster Polizeiherrschaft auch dem freien Geiste in Kunst und Dichtung an den Kragen zu gehen. Werden unsere Feder- und Pinsel-Aristokraten im schöngeistigen Wolkenkuluksheim diese neuen Sturmeszeichen der Reaktion verstehen?

Nein, das werden sie kaum. In der Insichversunkenheit ihres idealistisch-romantischen Träumersinnes und mimosenhaften Wesens werden sie sich in den politischen Stürmen die Kappe nur noch tiefer über Ohren und Augen ziehen. Ihr schönes Ich, der Mittelpunkt der Welt und der Nabel aller vollkommenen Kunst, wird sich vor dem Zusammenstoß mit den politischen und sozialen Kampfesmächten aufs äußerste zu schützen suchen. Immer tiefer werden sie hinabtauchen in die aus Größenwahn und schmerzlich-süßer Lüsternheit gemischte Selbstbeobachtung, immer weiter zurückflüchten in die märchenhafte Nebelwelt. Erklärlich!

Alles was im normalen Manne die Leidenschaft der That erweckt, jeder dramatische Funken ist ihnen versagt. Alles was dem Zusammenhang des Ichs mit der Außenwelt ein mannhaft-heldisches Gepräge verleiht, ist aus ihrem Blute und Nervensaft getilgt. Ihre Stimmungen sind Zwielicht-Stimmungen, ihre Gefühle sind Zwitter-Gefühle. In ihrer Spezialität können sie wundervolle Stilkünstler sein, schöpferische Vollmänner sind sie sicher nicht.

Die Kultur, die durch ihre Mitwirkung zustande kommt, ist eine verweibste Kultur.

In einem seltsamen Gemisch von Angst, Frechheit und Tollheit findet ein anderer Teil der Schöngeistigen und Aristokratisch-Politischen gerade in der Abspannung ihrer Nerven neue Reize.

Was sie im Tohuwabohu der geistigen Wirbelströmungen und der inneren und äußeren Staatsvorgänge kitzelt, ist dies: die Phantastik ausschweifender Herrengewalt, der egoistische Trotz, der dämonische Selbstvernichtungsblick, das Antivolkstümliche, die suprema lex regis voluntas.

Alles was die letzten Jahre durch das sieghafte Aufbäumen des Demokratismus, Naturalismus und Materialismus gegen die alten Anschauungen und Schablonen an neuen Hoffnungen gezeitigt, möchte nun zerschmettert werden. Der eingebildete Übermensch ist der Zerschmetterer par excellence, der Dilettant aller gefährlichen Wurfspiele.

Und ein wundervoll begabter, aber einseitig entwickelter, in unheilbarer Gehirnkrankheit geendeter lyrischer Philosoph hat zu diesem neuen Leitmotiv von der überrenaissancelten Renaissance die Partitur gesetzt, eine apokalyptische Musik.

Bethört durch den Blendeglanz ungeheurer militärischer Machtmittel — nicht aus eigener Erübrigung, sondern auf Pump! — proklamiert man eine historische Kasten-Ordnung als herrschendes Gesetz; man wirft sich aufs Knie und erfleht den großen Herrscher, der das Heerdenvolk in die Schranken weist oder niederknallt, wenn's muckst, der die rebellischen Instinkte der Mehrheit aushungert oder ausbrennt, der die vornehmen Kannibalen-Gesetze egoistischer Stärke zu neuen Tugenden stempelt und alle sozialen Tugenden aus der Wurzel des gleichen Rechts und der Gerechtigkeit niedertritt.

Aber hier wird schon die neumodische Renaissance brüchig: Der Sünde- und Schuldbegriff des Katechismus wird nicht aufgehoben, wenigstens sollen gewisse Laster Laster bleiben und den schützenden Mantel der Kirche über sich und die Lautlosigkeit des Beichtstuhls um sich haben, denn die große Kanaille der Vielzuvielen, d. h. das „niedere" Volk soll nicht bloß die Gewalt an seinem Leibe erleben, sondern für seine furchtsamen Sinne das Schauspiel der Frömmigkeit haben und selbst innigst an die Kirche und ihre Schrecken glauben. Eine Tyrannis mit Vaterunserbeten, mit Fanfaren und Choralgesang, Trommelwirbel und Glockengeläute.

Die alten Medici und die Borgia hatten eine so weitgehende Vorsicht nicht nötig. Ihr Übermenschentum konnte sich nackt entfalten, in heiterer Ruchlosigkeit. Sie handelten in naiver Unfehlbarkeit.

Der moderne Übermensch ist eben trotz der geistreichen Legitimation, die ihm Nietzsche ausstellt, doch nur eine Spottgeburt aus Dreck und Feuer, aus Fusel und schlechtem Blut. Und seine gewaltsamen historischen Allüren verleugnen die Herkunft aus dem Komödiantentum nicht. Die absolute Täuschungsfähigkeit mit zwingender suggestiver Kraft ist ihm versagt. Man sieht ihm hinter die Maske, so hoch er sich auch recke. Man riecht den Schweiß unter der Schminke, so viel Mühe und Anstrengung kostet ihm seine Rolle.

Und wenn er noch so schallend proklamiert, daß er von sich aus die Welt ordne und ihre Werte umwerte, daß er in sich selbst die höchsten Normen all seines Handelns finde, so wird ihm doch in schwachen Stunden vor seiner Gottähnlichkeit bange und er lauscht hinab auf die Stimmen aus der Tiefe, auf die Kritik des Publikums, das ihm so unbeschreiblich zuwider ist, aber in seiner ruhelosen, turbulenten Massenhaftigkeit doch Grauen einjagt.

Ja, wenn sich die Übermenschen-Gewalt so steigern ließe, daß man das ganze Volksgesindel in die Kirchen oder in die Zuchthäuser oder in die Kasernen sperren oder zu stummer Zwangsarbeit auf Lebensdauer verdammen könnte. —

So aber erwachsen dem Übermenschen-Herrschsuchtswahn immer neue, nicht zu fassende Gegner.

Was ist doch selbst die langsam und vorsichtig durch die Jahrhunderte organisierte Staatsgewalt oft für ein gebrechlich Ding. Selbst wenn weniger Fehlgriffe gemacht würden, als notorisch gemacht werden, wie selten hält ein Reich ohne tiefe Erschütterung eine Reihe schlechter Fürsten, schlechter Minister, schlechter Parlamente aus. Wie leicht erliegt es dem Ansturm Rechtsuchender, dem Kampf freier, mündig gewordener Geister, dem Anprall der Arbeitermassen.

Was nützt das Einsperren der paar Hundert bekannter Agitatoren und Hetzer? Die Basis der Verhetzung ist durch die reichen Verkehrs- und Mitteilungsmittel zu breit geworden. Das ganze Volk ist imstande durch Autosuggestion sich aufzuwiegeln, wenn ihm ein unerträglicher Zustand auf die Nägel brennt.

Drum hat ein Teil der schöngeistigen Übermenschen=Träumer sich das Wort gegeben: Fern aller Politik! Ein Herrscher=Leben in reiner Ästhesie! Keine Ellbogen=Berührung mit dem Volk, darüberstehen und hinuntersehen, nichts weiter!

Der andere Teil murrt in sich hinein: Fatal! Sollte wirklich der übermenschliche Wille zur Macht an dieser perfiden Volkshetze, an demokratischen Rückständigkeiten scheitern? Alle Gewissenlosigkeit, alle Satans=Logik des herrlichen Rechtes des Stärkeren hat man für sich — und nun soll man am Ende gar vor dem muffigen Einfall Halt machen: Volkes Stimme Gottes Stimme — wie die erste beliebige heilige Rapunzel?

Nein, die anbetungswürdigen Raubtiere der Renaissance hatten keine Ohren für solche Einfälle, die Glücklichen. Groß und ein=heitlich, ohne Scham und Reue, konstruierten und diktierten sie von sich, den Einzigen, aus, und alles rings war ihr Eigentum. Nicht vom Untersten, nicht vom Unterthanen, überhaupt nicht von etwas, das näher oder ferner mit dem Volke zusammenhängt, empfängt seine Gesetztafeln wer selbst auf dem granitenen Gipfel, in der leuchtenden Götterwolke des Sinai steht.

Das Volk — geht mir mit dem Volk! Vom Anfang der Geschichte bis auf den heutigen Tag, wenn ihm ein Pontius Pilatus das Wahlrecht läßt, stimmt es für Barnabas, den Straßenräuber, und läßt Christus, den Gottessohn, von den Henkern zum Galgen führen.

Hatte nicht Katharina von Rußland recht, durch un=endliche Liebestollheiten die Finanzen ihres Riesenreiches zu ruinieren, wenn sie dazu die unbestrittene Macht besaß?

Hatte nicht Iwan IV. recht, an der grausamen Hinrichtung seiner vielgeliebten Unterthanen sich zu freuen, wenn diese sich hin=richten ließen und ihn mit ihrem letzten Seufzer als Gott anbeteten?

Hatten nicht die Stuarts recht, Minister zu ernennen, Minister fortzujagen, Gesetze zu geben und Gesetze aufzuheben, ganz nach Belieben, und dem verehrten Volk mit dem Hintern ins Gesicht zu fahren? Einen hat's freilich den Kopf gekostet, aber hat der Andere nicht vorher seinen übermenschlichen Spaß gehabt?

Hatte nicht Seine Heiligkeit Papst Alexander VI. recht,

sich im Vatikan zu vergnügen, wie er sich vergnügt hat, als raffinierte Bestie mit den eigenen Söhnen und Töchtern und zahllosen Kurtisanen, wenn die römische Christenheit diesen Stellvertreter Gottes auf Erden für voll nahm und in Andacht und Ehrfurcht beide Augen zudrückte, um nicht zu sehen wie dieser geistliche Übermensch mit Gift und Dolch, Kerker und Scheiterhaufen operierte, um vor seinen Gegnern und Spielverderbern und blöden Zensoren, wie dem Savonarola, Ruhe zu haben? Was konnte ihm daran liegen, daß ihm das verachtete Volk nach seinem Tode keine Preislieder plärrte, oder daß ein pedantischer Geschichtsschreiber Guicciardini ihm den unschuldigen Nachruf schrieb: „So starb an seinem eigenen Gift dieses Untier, das durch maßlosen Ehrgeiz, schändliche Untreue, entsetzliche Grausamkeit, ungeheuerliche Wollust, unerhörten Geiz und durch rücksichtslosen Schacher mit heiligen und profanen Dingen den gesamten Erdkreis vergiftet hat?"

Das ist zwar selbst für einen Übermenschen und Renaissance-Papst ein bischen viel auf einmal, aber die auf Stirner und Nietzsche schwören und heute den Franzosen den Napoleonkultus erneuen helfen, werden wohl auch daran keinen Anstoß nehmen. Wär's nicht teufelmäßig göttlich gewesen, von einem Reiz über alle Reize, wenn's der geliebte Cäsar Borgia zum Papst gebracht und die dreifache Krone sich auf das Haupt gestülpt hätte? Ex me mea nata corona — haltet euch den Bauch vor Lachen oder Entsetzen, Gesindel! Das Christentum wär' damit abgeschafft gewesen, was kümmert den Übermenschen das Christentum? ICH BIN ICH, mit lauter einzig großen Buchstaben, was liegt mir an eurem kleinen Alphabet! ICH BIN das Hauptwort aller Hauptwörter, ICH BIN von Gottes Gnade Gottes Stellvertreter, also für euch, Geschmeiß, selbst Gott, und der leiseste Zweifel daran, im verschwiegensten Innern gedacht, ist todeswürdiges wahnsinniges Verbrechen.

Aber so hat's die Natur geordnet, die Alleinübermächtige, daß die Bäume nicht in den Himmel wachsen, daß selbst die Götter sich ihrer Haut wehren und sich anpassen müssen, um die genügende Anzahl Gläubige für eine staatlich autorisierte und privilegierte Religion zu finden, daß die Götter sich auf den

Katechismus der Priester und die Könige auf die Konstitution des Volkes einschwören und in dieser Begrenzung herrschen oder sich beherrschen lassen müssen, wenn sie ohne blutige Fährlichkeit durchkommen wollen. Der Gott, der's nicht mit den Priestern und ihrem Katechismus hält, stirbt am Kreuz, mit einem höhnischen Königstitel eines verachteten Volks über und einer Kronenkarikatur aus Dornenreisern auf dem Kopf, wie übereinstimmend in den vier Evangelien berichtet wird. Und der Herrscher, der Verfassungsbruch treibt, darf nur in knechtsseligen Entartungszeiten seinem Volke die Konstitution als gleichgiltigen Fetzen Papier vor die Füße werfen, ohne für sein allerhöchst persönliches Wohlbefinden fürchten zu müssen.

In heroischen Zeiten und bei einem selbstbewußten, starken Volke verläuft das Experiment anders. Im Zeitalter Cäsars, des antiken Römers, wurde der Tyrann-Übermensch vor versammeltem Senat niedergemacht, ohne daß es einer anderen Formalität als derjenigen von 23 Dolchstichen und eines anderen Gesetzes als der Freiheit Roms bedurft hätte. Das war kurzer Prozeß, und man kann seine Beschreibung mit allen Einzelheiten heute noch in jedem Schullesebuch finden. Wer's nicht glaubt und einen klassischen Zeugen fordert, braucht nur einen Lateinschüler zu fragen, der kann's ihm gleich in der authentischen Sprache Roms berichten.

Man braucht in der Geschichte jedoch gar nicht so weit zurückzugehen, um angenehme Beispiele zu finden, wie die Völker mit unangenehmen Übermenschen auf dem Throne verfahren sind.

Die Engländer sind gewiß ein ruhiges, friedliebendes, überaus monarchisches Volk. Bei ihnen hat es auch einmal eine Zeit ohne Konstitutionalismus und Könige mit Übermenschen-Ansprüchen gegeben. Eines Tages gefiel das den Engländern nicht mehr, sie köpften den einen König, jagten den andern König zum Lande hinaus und erfanden sich eine solide, gut bürgerliche Konstitution. Seitdem vertragen sich die englischen Könige ganz anständig mit dem Volke. Das ist gleichfalls in jedem Schulbuche nachzulesen, wenn's einer nicht glauben will. Und reist einer heute nach England, um sich von den Sitten des einst königköpfenden Volkes zu überzeugen, so wird er finden, daß es die feinsten und mildesten ind, so fein und so mild, daß jeder Offizier, wenn er außer Dienst ist und in gute Gesellschaft geht oder ein Theater oder sonst einen zivilisierten Vergnügungsort besucht, vorher die Uniform aus- und schlicht bürgerliche Kleider anzieht, damit er sich nicht von seinen Volksgenossen unterscheidet und nicht durch auffallende Äußerlichkeiten an seinen besonderen Stand und sein blutiges Handwerk gemahnt. Es dürfte selbst einer kleinstaatlichen Sklavenseele oder selbst einem altpreußischen Kulturprofessor schwer fallen, in dieser Scheu vor der Uniform bei einem über Weltreiche gebietenden und die Meere beherrschenden Volke etwas Unedles oder Unfeines herauszutifteln.

Auch bei einem anderen modernen Volke, das zu Zeiten die Verehrung seines herrschenden Fürsten so raffiniert betrieben, daß es z. B. das Seifenwasser aus der Badewanne, in der der Empereur Napoleon III. in seiner strahlenden Zeit gebadet, auf Flaschen gezogen hat, sind unterschiedliche Beispiele von übelausgegangenem Übermenschen-Tyrannentum zu finden — und zwar sind dort, was besonders lehrreich ist, nicht bloß Übermenschen von Gottesgnaden mit dem legitimen Scepter, sondern auch Übermenschen von Revolutionsgnaden mit der roten Mütze auf dem Kopf in die Guillotine gefallen, und neben dem roi soleil, dem „Sonnenkönige", der Glück gehabt hat, steht in der französischen Fürstengallerie ein roi parapluie, der „Bürgerkönig mit dem Regenschirm", der kein Glück gehabt hat, sondern schimpflich davongejagt worden ist. Sicherheit gibt's bei den beweglichen Franzosen auf keinen Fall, man mag's so oder so anstellen.

Damit die Extreme sich berühren: Da war einmal in deutschen Landen eine andere Sorte von Übermensch auf dem Throne — ein Übermensch der Güte, ein großer Ungeduldiger, lechzend nach humanem Fortschritt in Siebenmeilenstiefeln, der Habsburger Joseph II. Und sein gemächliches Volk entdeckte, daß der übergescheidte und übergute Herr einen bösen Blick habe für alles Verhockte und Verrottete, der Aufklärung und dem Aufstiege Hinderliche. Das verdroß sein Volk und seine Hofräte. Wäre dieser Joseph II. kein Kaiser, sondern ein Privatmann gewesen, und hätte er seine geistreichen und damals kühnen Ideen nicht vom Throne,

sondern vom Rednerpult herab in einer Volksversammlung ge=
sprochen, so hätten ihn zweifellos die alten Hofräte an der „obersten
Justizstelle" als Umstürzler einsperren lassen und im Spielberg bei
Wasser und Brot ihn zu bekehren und für staatserhaltende Ideen
zu gewinnen versucht. Seine soziale Stellung schützte ihn davor.
Aber hat sich das Schicksal dieses gütigen Tyrannen und Über=
menschen=Umstürzlers auf dem Throne deshalb rosiger gestaltet?
Er hätte schließlich in den Kasematten des Spielbergs auch kein
freudloseres Dasein und durch Menschenverachtung zerquältes Leben
führen können, wahrhaftig. Klöster, deren er so und so viele mit
einem Federzuge aufgehoben zur großen Verbitterung des frommen
Volkes, florieren heute noch in üppigster Fülle in seinen Landen;
die Vielsprachigkeit, die er in seiner Monarchie abschaffen und durch
das einzige Deutsch ersetzen wollte, entfaltete sich erst recht und
machen das heutige Österreich zu einer sprachlichen Musterkarte
von schreiender Buntheit; die einfache Bestattung der Leichen in
Leinwandsäcken, die er mittelst scharfen Dekreten gegen den landes=
üblichen Pomp der Beerdigungen durchsetzen zu können wähnte, ist
heute noch ein Traum der Vernünftigen — und was er an ernst=
hafteren Reformen wirklich durchgeführt hat, der übermenschlich
Wohlmeinende und Ungeduldige, wie z. B. die Aufhebung der
Leibeigenschaft, das hätte seines gewaltthätigen Apparates gar nicht
bedurft, denn es wäre um ein Weniges später von selbst gekommen
im natürlichen Verlauf der wirtschaftlichen Umwälzungen, welche
in Österreich wie anderwärts die Leibeigenschaft beseitigten, weil
sie sowohl natürlich wie künstlich nicht mehr haltbar war und des=
halb von selbst zusammenbrechen mußte, ganz einfach.

Das ist das Körnchen Witz, worüber die geistreichsten Über=
menschen stolpern und zu Fall kommen: Die Natur läßt sich mit
Gewaltstreichen nicht zwingen, auch Volksgeschichte ist Naturgeschichte,
Volksentwicklung Naturentwicklung nach großen, ehernen, ewigen
Gesetzen.

Oder in einem Bilde vom Soziologen Gumplowicz aus=
gedrückt: Das Individuum ist nicht der Erreger und Urheber der
sozialen Entwicklung, sondern ihr Produkt; seine Gedanken und
Strebungen, auch des mächtigsten und genialsten Menschen sind

immer nur Zeiger auf dem Zifferblatt der Geschichte, die von dem dahinter unablässig arbeitenden Uhrwerk der sozialen Entwicklung bewegt werden. Nicht der Zeiger bewegt das Uhrwerk, sondern umgekehrt.

* * *

Des trockenen Tones satt, folge hier ein phantastisch' Zwischenspiel.

Es war einmal ein Mann, jung, schön, stattlich, von vielen Gaben. Er hatte sich etwas in den Kopf gesetzt, etwas Sonderbares. Denn das liebte er über Alles, das Sonderbare, das Aparte. Er wollte von einer Zauberformel leben, damit sein Dasein selbst ein einziger, berückender Zauber sei.

Das war seine Zauberformel: Exmemea! Er erinnerte sich nicht mehr, wo er sie zum erstenmal gehört, wo er sie aufgelesen oder erhandelt, oder wer sie ihm eingerichtet. Sie war einfach da, sie war immer auf seiner Zunge, oder wenigstens immer im Hintergrunde seiner Gedanken, und, wie er sich einbildete, sie gehörte ihm ganz allein, ausschließlich. Von den fünfzig und mehr Millionen Menschen, die um ihn herumwohnten, nach seiner Schätzung alle mehr oder weniger Lumpenpack, niemand durfte in seinem Sinne und seiner Betonung Exmemea! sagen. Bei Todesstrafe!

Woher er kam der Fahrt und wie sein Nam' und Art? Exmemea! Wohin er zielte und was er schuf und was er in seinem Fürwitz trug? Exmemea!

Die größten Gelehrten mit amtlichen Patenten und Insigeln, die ernsthaftesten Forscher in Sprach- und Geschichtswissenschaften, die schärfsten Rätselrater in allem was mit Blut und Samen und Zeugung zusammengeht, sie wußten weder die Formel selbst noch ihre Zeitgemäßheit und Wirkungskraft zu ergründen. Es war ein Zauber über allen Zauber, keinem Verstand der Verständigen erreichbar: Nichts sonst, darauf einigten sich schließlich alle. Exmemea!

Und wenn ein Wind in die europäische Laterne fuhr und gewaltig darin rumorte, also daß die Scheiben zitterten und man meinte der Teufel sei los und das wilde Heer im Anzug, da dachte man sich Mancherlei, zumeist gar nichts Gescheites, aber man raunte sich mit bedeutungsvoller Miene zu: Exmemea!

Aber mit der Zeit entsetzte sich keiner mehr darüber.

So geschah es, daß das Zauberwort schließlich durch alle Mäuler ging — und was zuerst eine mystische Scheuche und unenträtselbarer Schreck war, sich in Alltagsspaß und Stammtischwitz verwandelte. Bald wurde keine Kellnerin mehr umarmt und keine Köchin im Dunkeln in die Wade gekniffen, ohne ein Exmemea! Kein Lakai folgte seiner Gräfin in die Laube, keine Prinzessin küßte den Komödianten ihres Herzens, keine Fürstin frischte mit wildem Blute sich die Nerven auf, keine historische Legitimität schlug ihren Ahnen und dem ganzen Gothaer Almanach ein Schnippchen (und oft was für ein Schnippchen, Kreuzbombenelement!) ohne daß die Luft von einem Exmemea! erzitterte. Die Straßenjungen spielten Räuber und Mörder, schlugen sich Löcher in den Kopf und schimpften sich Bankert und Hurenkinder, die Langfinger griffen in fremde Taschen, die Börsenjobber brachten ihren Raub in Sicherheit, die Staatsstipendiaten drehten die Daumenmühle über ihren edlen Bäuchen, die Streber streberten, die Stellenjäger jägerten, die Pfaffen pfäffelten — Alle und Alles mit dem famosen Allerweltsgemeinheitswort.

Und da geschah das Unglaubliche, daß einigen Leuten plötzlich ein Licht aufging — —

Eine Bombe war geplatzt in der dunkelsten und stillsten Gegend des Landes, wo man sich dieser Beleuchtung und dieses Knalleffektes am wenigsten versehen hatte. Als man einen ehernen Scherben des blutigen Geschosses auffand, waren darauf geheimnisvolle Schriftzeichen zu sehen. Man suchte und wurde noch einiger Scherben habhaft. Und endlich hatte man die ganze Inschrift, in Erz gegraben, und den Sinn beisammen.

Erstaunen! Erbleichen bis ins Zahnfleisch!

Die alte lächerliche Zauberformel war zum mörderischen Treff- und Stichwort der „Propaganda der That" geworden. Und ein wahnsinniger Großstadtkultur-Idiot, der Mitwirkung an der blutigen Ausschweifung überführt, rühmte sich frei vor dem Gericht: Sein Gewissen rechtfertige mit einem Exmemea das Äußerste und Ungewöhnlichste: ER sei ER und die Millionen Menschen, die um ihn wohnten, seien mehr oder weniger Lumpenpack, Anarchisten allein die Edelsten der Nation —

Die scheußalige That und ihre Auslegung schrie nach Rache. Der Verrückte wurde nach einmütigem Spruch einen Kopf kürzer gemacht. Von Rechtswegen. Ex —— war sein letztes Wort. Des Zwischenspieles Ende.

* * *

Wie antwortet Nietzsche auf die Frage: Was ist gut? „Gut ist Alles, was das Gefühl der Macht, den Willen zur Macht, die Macht selbst im Menschen erhöht. Was ist schlecht? Alles was aus der Schwäche stammt. Was ist Glück? Das Gefühl davon, daß die Macht wächst, daß ein Widerstand überwunden wird. Nicht Zufriedenheit, sondern mehr Macht; nicht Friede überhaupt, sondern Krieg; nicht Tugend, sondern Tüchtigkeit, Tugend im Renaissance-Stile, virtù, moralinfreie Tugend. Die Schwachen sollen zugrunde gehn, erster Satz u n s e r e r Menschenliebe, und man soll ihnen noch dazu helfen."

Und so weiter bis zu den verruchtesten Lästerungen alles dessen, was der Kulturmenschheit bisher als oberster sittlicher Wert galt: Mitleid, Güte, Liebe. Gewiß, auch diese Werte können gefälscht und ins Absurde geleitet werden. Liebe als Dusel, Güte als Gesinnungsbrei, Mitleid als Moluskenhaftigkeit — kurz Alles nicht gesund und energisch und mit dem notwendigen Gegensinn, wo's die Umstände gebieterisch heischen: edle Härte, charaktervolle Schroffheit, elementarer Haß!

Auf der heute erreichten Kulturstufe ist kein Recht denkbar ohne rechtschützende Macht, und in der Gewalt selbst liegt ein rechtbildendes Moment. Aber warum das den Zufalls-Herren und Zufalls-Bevorrechteten predigen als exklusive Heilslehre, wie das Nietzsche thut, statt sich an das Volk zu wenden, an den Mutterschoß alles echten Herrentums, aller ursprünglichen Rechtsmächte? Warum diese Theorien von der Macht nur als Stacheldrähte um die historischen Machtnutznießer und Vorrechtsauskoster herumspannen, damit sie geschützt seien vor dem Wettbewerb neuer Kräfte?

Nur noch einige Nietzsche-Variationen über den Demokratismus:

„Christentum und Demokratismus stammen aus einer Wurzel, aus dem Haß auf alles Starke und Große, aus dem Leiden, das der Ohnmächtige angesichts der Kraft empfindet. — Wer das Verhängnis errät, das in der blödsinnigen Arglosigkeit und Vertrauensseligkeit des Demokratismus, noch mehr in der ganzen christlich-europäischen Moral verborgen liegt, der leidet an einer Beängstigung, mit der sich keine andere vergleichen läßt. — Die Gesamt-Entartung des Menschen bis hinab zu dem, was heute den sozialistischen Tölpeln und Flachköpfen als ihr ‚Mensch der Zukunft‘, als ihr Ideal erscheint, diese Entartung und Verkleinerung des Menschen zum vollkommenen Herdentier, oder, wie sie sagen, zum Menschen der ‚freien Gesellschaft‘ — diese Vertierung des Menschen zum Zwergtiere der gleichen Rechte und Ansprüche, ist möglich, es ist kein Zweifel. Wer diese Möglichkeit einmal zu Ende gedacht hat, kennt einen Ekel mehr, als die übrigen Menschen."

Genug. Wer schert hier alles über einem Kamme? Aber mit einem Moralphilosophen, dessen Auge so im aristokratischen Wahnsinn rollt, daß es die soziologischen Thatsachen nicht mehr festzuhalten und ruhig zu prüfen vermag, ist nicht zu streiten. Mit der Kenntnis des Volkes hat dieser Lobprediger des Übermenschen und seiner souveränen Herrenmoral zugleich alle Achtung und Scham vor dem Volke verloren. Nietzsche, der sonst so tiefe und furchtlose Denker, irrt hier vollständig. Sein Mangel an natur- und volkswissenschaftlicher Einsicht ist geradezu erbarmungswürdig und verleitet ihn zu den komischsten Trugschlüssen.

Wie soll denn der herrliche Geistmensch emporkommen über das Herdentier, wenn nicht jeder, der als Mensch in die Gesellschaft hineingeboren ist, in die Lage und zu den Mitteln gelangt, die in ihm schlummernden Kräfte zu wecken, seine ursprünglichen Fähigkeiten auszubilden, um dann mit allen Volksgenossen unter den gleichen Bedingungen und vom gleichen Platz aus den Wettlauf anzutreten und sich diejenige Stellung in der Gesellschaft zu erkämpfen, die ihm nach seinen besonderen Kräften und Fähigkeiten zukommt? Und jemehr sich aus der Masse in die Höhe zu ringen vermögen, desto höher steigt das Niveau geistiger Vornehmheit, desto imposanter wird das Ergebnis der Auslese nach oben.

Nichts anderes erstrebt die richtig verstandene Demokratie. Sie will aus dem durch den Zufall der Geburt und des Besitzes unterdrückten Herdentier die freie, selbstbewußte, ihrer Würde achtende bürgerliche Persönlichkeit gestalten, sie will die Herde, die Masse zu einer Genossenschaft höherer Menschen erziehen, indem sie ihnen durch eine vernünftige soziale und wirtschaftliche Organisation die höheren Rechte und Freiheiten sichert, die ihnen sonst von den nur historisch, d. h. durch Geburtszufall Hochstehenden und Mächtigen eskamotirt werden.

Zweifellos weist auch die moderne Naturerkenntnis auf diesen Entwicklungsweg, der die Wahnvorstellung vom allbeherrschenden Übermenschen zerstört.

In der Pflanzenphysiologie zuerst, dann in jener der Tiere, war man auf die Zelle gekommen, die man zum Hauptträger des Lebens erhob, in der Physik und Chemie zum Atom. Die Darwin'sche Lehre besagt u. a. auch nichts anderes als die Entwicklung aller Individuen wie auch aller und jeder Gesellschaft auf dem Wege eines allmählichen Prozesses aus den Atomen und Molekülen, aus dem Unorganischen zum Organischen. Um den Nachweis zu liefern, daß auch die menschliche Gesellschaft, der Staat u. s. w. nichts als eine natürliche „biologische Erscheinung" sei, hat man angefangen in verschiedenen Geisteswissenschaften und in der Soziologie dieses Einzelwesen durch allerlei Untersuchungen aus der Gemeinsamkeit loszuschälen, um es bequemer als Gegenstand der Beobachtung benutzen zu können. Aber wie Zelle und Atom, streng betrachtet, im Denkvorgange abstrakte Wesen sind, so auch diese Einzelnen. Sie leben in Wahrheit gar nicht. Keine einzelne Zelle, kein einzelnes Atom, kein einzelner Mensch können für sich bestehen, sie sind nur, weil sie zugleich mit anderen sind, sie leben nirgendwo als Uranfängliches, Unabhängiges, das sich selber ins Leben gerufen hätte zu eigenem Bestand, sondern sie leben und sind nur als Glieder einer Kette, eines Verbandes. Damit das Einzelne sich als wirklich und thätig erweise, fruchtbar und bedeutungsvoll werde, bedarf es eines Zweiten, Dritten u. s. w., welche Kraftäußerungen hervorlocken und auf sie zurückwirken. Leben ist stets nur vorhanden, wo kraftvolle Wechselwirkungen stattfinden, wo diese fehlen, herrscht Starrheit, Tod.

In ihrer ersten Entstehung und Entwicklung zeigt die Gesell=

schaft, daß die in ihr vereinigten Individuen keinerlei Zweckbewußtsein haben. Die ursprünglichen Gruppenbildungen sind einfache Naturthatsachen, unter Menschen ganz so wie Herdenbildungen unter Tieren. Erst auf einer höheren Entwicklungsstufe kommen zweckbewußte Thätigkeiten vor. Ebenso ist das Recht als einfache Naturthatsache in die Erscheinung getreten, als Reflexbewegung des Individuums zum Zweck der Selbsterhaltung gegenüber anderen Individuen. Die Moral ist gleichfalls als organisches Bedürfnis entstanden, als eine biologische Notwendigkeit. Und auf ebenso natürlichem und notwendigem Wege entstanden die religiösen Vorstellungen. Nirgends hat sich ein göttlicher Schöpfungsakt vollzogen, der programmgemäß und mit einem Schlag einen römischen Juristen oder orthodoxen Priester oder unfehlbaren Moralisten in die Welt gesetzt hätte. Es ist alles ohne Zauberei und Hexerei geworden, wie's geworden ist, das Fabelhafte daran ist eben das verblüffend Natürliche. Als Naturthatsachen ins Leben tretend, entwickelten sich Recht, Moral, Religion, Politik notwendig nach Maßgabe der natürlichen Verhältnisse der Umwelt, des „Milieu" und des intellektuellen Fortschrittes der Menschen. Unter den Verhältnissen, welche auf die menschliche und soziale Entwicklung von Einfluß sind, steht in erster Reihe der „Kampf ums Dasein", welcher durch die Bedürfnisse des Lebens dem Menschen aufgenötigt ist. Dieses Leben äußert sich aber durchweg nicht als isolirte Einzel-, sondern als Gemeinschafts-, als Gruppenbewegung. Außerhalb des gemeinschaftlichen Gruppenlebens giebt es kein Recht, keine Moral u. s. w. Denn in der Vereinzelung fehlen alle jene Elemente, welche ein Rechtsgefühl, ein Rechtsbewußtsein, ein Moralbedürfnis u. s. w. hervorrufen.

Ueberhaupt ist, wie bereits angedeutet, die Vereinzelung auch auf dem Gebiete der Menschheit eine Hypothese, der es an jeder Begründung mangelt, eine metaphysische Abstraktion, die sich mit den Gesetzen der Entwicklung nicht vereinbaren läßt. Die soziale Entwicklung und folglich auch alle und jede Staats- und Rechtsordnung und deren fortschreitende Veränderung ergiebt sich einzig und allein aus dem Kampfe der verschiedenartigen sozialen Gruppen.

Damit ist's mit der mystischen Herrlichkeit des Einzelnen, mit den Beherrschungsansprüchen des Übermenschen von „Gottes Gnade" eben so windig bestellt wie mit dem anarchistischen Ideal der absoluten Ich-Gläubigen. Die Wissenschaft mit ihrer „Einheit des Naturgesetzes" weiß nichts davon.

Es ist erklärlich, daß je höher die menschliche Kultur sich entwickelte, desto wichtiger das vernunftstarke, machtbewußte Einzelwesen genommen und desto leichter die Bedeutung des sozialen Ganzen in den Hintergrund geschoben werden konnte, ja, zur gleichgiltigen Nebensache herabgedrückt zu werden versuchte. Der Mensch schlechtweg, als physiologisch-physische Einheit, verschieden in Rasse, Stammesart und Kulturstand, wurde überschätzt, das Volk, als Verband, als Gruppe, verlor bei einseitigen Gelehrten, Künstlern und geriebenen Machtpolitikern sein Ansehen und seine Bedeutung. Der Spieß wurde umgekehrt: das Volk als Abstraktion behandelt, nicht aber als die wirksam bauende, kulturzeugende und -erhaltende Macht anerkannt.

Wie nur derjenige Baum als der Typus eines natürlich starken, gesunden und fruchttragenden Baumes gelten kann, der von der äußersten Wurzelspitze bis zum Wipfel in Saft steht und durchaus in allen Ästen, Zweigen und Blättern sich gleichmäßigen Wachstums erfreut und nicht nur eine schöne Krone und einige üppig grüne Zweige und Blätter, daneben aber viele tote Äste und welke Blätter hat, so kann auch nur dasjenige Volk als der Typus eines richtigen, naturgemäßen Volkes gelten, das in allen Teilen gleich saft- und kraftvoll, gleich herrlich und schön sich entwickelt.

Daß die einzelnen Klassen des Volkes sich um ihrer besonderen Klassen-Interessen willen gegen einander wenden und zu Zeiten in wildem Hasse gegeneinander entbrennen, ist erklärlich. Eine kluge, volkstümliche Regierung wird immer anständige Mittel finden, ohne Schädigung der Freiheit schlimmen Ausschreitungen vorzubeugen. Gemeingefährlich ist die Gewaltpolitik von oben herab, welche ihr dynastisches Interesse im Bunde mit dem Interesse der mächtigsten Klasse zum Nachteil des Gesamtwohles voranstellt.

Am unerträglichsten wird eine solche Politik, wenn sie noch die persönliche Färbung des angemaßten absolutistischen Übermenschentums hervorkehrt. Jede harmonische Entwicklungsarbeit wird dadurch aufs ärgste geschädigt, jedes staatsverwüstende Abenteuer begünstigt.

Das persönliche oder dynastische Selbstgefühl des regierenden Herrschers hat sich im modernen Staate zu bescheiden und sich strengstens innerhalb der konstitutionellen Schranken zu halten. Ein turbulentes, rechthaberisches Wesen ist nirgends weniger am Platze, als an der Spitze eines Staatswesens, das ruhiger Arbeit zugewendet sein will.

Es ist bezeichnend für die Dickhäutigkeit der reichsdeutschen „Unterthanen" — ein Ausdruck, der übrigens in einem wahrhaft konstitutionell geordneten Staate keine zureichende Berechtigung hat — daß sie sich z. B. den Bismarckischen Ton gefallen ließen. Spätere deutsche Geschlechter werden sich das nicht ohne Beschämung vergegenwärtigen, wie der Kanzler eines großen, jungen Reiches im Reichstage mit den Vertretern des Volkes umspringen durfte, ohne sich die ernsteste Rüge von der öffentlichen Meinung zuzuziehen oder sich in kürzester Frist unmöglich zu machen. Der Schmeichelname „Heros des Jahrhunderts" wird dereinst eine merkwürdige Umdeutung erfahren — und die Meinung, Bismarck sei nicht nur ein ungewöhnlich energischer Politiker von sehr robustem Gewissen, sondern geradezu ein Übermensch gewesen, wird nur noch in Begleitung eines homerischen Gelächters ausgesprochen werden.

Auch der junge Kaiser, der dem Bismarck den Laufpaß in einer sehr ungewöhnlichen Form gegeben, um nach Bismarck „sein eigener Kanzler" zu sein, liebt in seinen öffentlichen Reden und in seinem Gehaben Akzente und Wendungen, wie sie nur Gefühlen sehr überlegener Unabhängigkeit zu entspringen pflegen. Dazu wird in der Politik ein Kurs gesteuert, der in seiner Unerforschlichkeit und Vielseitigkeit zwar einem gläubigen Christen, der mit den dunklen Wegen der Vorsehung zu rechnen gewohnt ist, aber kaum einem nachdenksamen Politiker gefallen kann. Alles das wächst zu einem Problem zusammen, dessen Lösung den gutgesinnten Deutschen erst in einer entscheidenden Krisis aufgehen wird.

Das ganze System der deutschen Reichspolitik krankt an Widersprüchen, die man verwunderlich nennen könnte, wenn sie nicht direkt gefährlich wären.

Die Natur, auf die Einheit des Gesetzes gestellt, thut uns nicht den Gefallen, in der Verwaltung eines Staatswesens Regeln zuzulassen, von denen die eine die andere aufhebt. Man wird die Andeutung verstehen. Ich begnüge mich, hinter das ganze konstitutionelle System, wie es im deutschen Reiche praktiziert wird, ein großmächtiges Fragezeichen zu setzen. Was gelingt denn noch? Was kann denn noch gelingen? Und zu wessen Nutz und Frommen? Und welche Autorität steht denn noch aufrecht?

Es ist nichts mit dem Übermenschentum überhaupt, am allerwenigsten in der Politik. Es verträgt sich nicht mit der Natur eines großen Gemeinwesens, das eine ungeheure Summe von individualisierten und gruppierten Kräften auf gemeinsamem Lebens- und Gesetzesgrund vorstellt.

Es giebt nicht ein einziges Naturgesetz, das nur in einem Ausschnitt des Lebens oder nur in einer Volksklasse oder in einem Individuum Geltung hätte, in anderen Ausschnitten, Klassen oder Individuen jedoch nicht. Das Gesetz zeigt sich als etwas natürlich Notwendiges und Heilvolles gerade dadurch, daß es allgemeinverbindlich ist. Es umspannt den letzten und ärmsten Vagabunden auf der Landstraße und den stolzesten Herrscher an der Spitze seines Reiches, dessen erster Beamter er sein kann und nichts weiter, welche Titel er auch sonst sich beilegen möge.

Wer, der sich unbefangen in der Naturgeschichte der Staaten umgesehen, wüßte für einen modernen Staat von der eigentümlichen Zusammensetzung des deutschen Reiches eine zweckmäßigere und natürlichere Politik als die demokratische, bei welcher jeder Volksgenosse sein Recht finden und das Maß seiner Kraft in möglichst weitem Umfange bethätigen könnte? Und wobei auch den wirtschaftlichen Interessenkämpfen jene Bahn gewiesen werden könnte, welche einen billigen Ausgleich ohne revolutionäre Erschütterung ermöglichte? Abseits von dem Wahn eines willkürlich konstruierten, wurzellosen Übermenschen, den die Nietzscheaner gegen die Demokratie auftrumpfen, eröffneten sich noch wohlthuende Aussichten für die Ideale einer feineren Humanität, hinweg über die Tyrannei feudaler Kasten- und Standesunterschiede halbbarbarischer Kulturstufen. Es fände wieder der Dichter Gehör:

Von Ägyptens Pyramiden
Bis zu Delphis Priesterin,
Bis zu Ganges Tempelfrieden,
Herrsche einer Lehre Sinn:
Trost zu spenden, Schmerz zu lindern,
Licht zu wecken weit und breit,
Freiheit allen Erdenkindern,
Freiheit, Liebe, Menschlichkeit!

Menschlichkeit, Liebe, Freiheit? Ja, wie ist uns denn? Leben wir nicht in einer Zeit, die ihre Kennzeichnung durch die Umsturz=vorlage erhält? Wie reimen sich diese Dinge zusammen, mein Volk?

* * *

Diese Umsturzvorlage ist buchstäblich etwas ganz Mords= mäßiges. Ein Totschlagegesetz.

Wie neulich der preußische Minister v. Köller so resolut für den Diktaturparagraphen in den Reichslanden eintrat, weil man damit prompt die der Regierung mißliebigen Vereine und Zeitungen „totschlagen" könne, so kann man dies in noch viel höherem Maße für die Umsturzvorlage thun, wenn man das richtige Totschlage= gemüt hat, wie unsere biederen Zentrumsleute und konservativen Volksbeschützer. Was heißt regieren, verwalten? Etwa entwickeln, pflegen? Kurzen Prozeß machen, totschlagen — das ist die rechte Regierungsthat. Assommoir — in diesem Zeichen gedenken die Übermenschen vom Kaliber der Herren v. Köller und v. Stumm zu siegen.

Herrlichste Errungenschaft des preußisch geführten deutschen Reiches — das Assommoir=Gesetz. „Kain, wo ist dein Bruder Abel? Was geht das mich an? Soll ich meines Bruders Hüter sein?" Ganz in Ordnung. Wir haben die Brüder nicht zu hüten, wir machen sie unschädlich, wir schlagen sie tot, wenn sie uns nicht behagen, sie, ihre Personen, ihre Theorieen, ihre Ideale.

Man will den ganzen wuchtigen Apparat der Polizei, der Gerichte (natürlich ohne Geschworene!) aufbieten, um an= geblich dem weiteren Umsichgreifen der Sozialdemokratie und des Anarchismus entgegenzuarbeiten. Aber nicht diesen allein gilt die Vorlage, sondern der Kritik der bestehenden Staats=

Gesellschafts- und Wirtschafts-Ordnung überhaupt. Daß dabei auch die Freiheit der Wissenschaft, der Kunst und Dichtung vernichtet wird, ist so klar, wie zwei mal zwei vier. Hat man Beispiele, auf die man sich bei diesem edlen Beginnen berufen könnte? Sogar auch dies, o ja.

Dasselbe versuchten seiner Zeit in den Vereinigten Staaten die den Kongreß beherrschenden Sklavenhalter. Sie fühlten sich im Besitz ihrer Negersklaverei durch die Agitation der Abolitionisten bedroht und ließen zur Niederwerfung derselben das Sklavenfanggesetz vom Stapel (1850). Was war die Wirkung? Zehn Jahre später wurde Lincoln zum Präsidenten erwählt, und am 1. Januar 1863 unterzeichnete er die Urkunde der Abschaffung der Sklaverei. Der Bürgerkrieg war der letzte Versuch der Sklavenhalter, die Ausbeutung von 4 Millionen schwarzer, unbezahlter Arbeiter noch länger fortzusetzen. Wollen die heute in ihren wonnigen Vorrechten bedrohten Klassen in Europa sich durch das Beispiel der Sklavenhalter in Amerika warnen lassen? Hören wir doch den Freund des Kaisers, den „König" Stumm! Die Herrschaften des ausbeuterischen Europa denken nicht daran — die weiße Sklaverei soll wie ein Stück „sittlicher Weltordnung" in Permanenz bleiben!

Bezeichnend ist für die Art der Fabrikation dieser Umsturzvorlage, daß der § 111 einem Gesetz des Staates Illinois entnommen ist, jenem Gesetz, das eiligst von den Vertretern der alten Parteien des nordamerikanischen Staates als Waffe gegen die Riesenstreiks der Arbeiter zusammengeschmiedet wurde und das in dem bekannten Anarchistenprozesse in Chicago im Sommer 1886 zur Anwendung gelangte.

Soweit sind wir in unserer Juristen-Genialität und Polizei-Intelligenz, daß wir bei den amerikanischen Sklavenhaltern und Arbeiterschindern Gesetzesparagraphen pumpen!

Auf Grund einer ähnlichen Bestimmung im Illinois-Gesetze wie unser vielberufener § 111 wurde bekanntlich der Arbeiterzeitungsredakteur Spieß und verschiedene andere Arbeiterführer zum Galgen verurteilt und wirklich gehängt, weil die in die Reihen der Polizeimannschaft auf dem Heumarkt in Chicago geschleuderte Bombe auf ihre **Aufforderung** zurückgeführt wurde. Und dabei war die Verbindung zwischen Aufreizung zur That und Ausführung der That in keiner Weise genügend nachgewiesen, und die Aufreizung selbst von einer so **allgemeinen**, abstrakten Beschaffenheit, daß **Spieß** und seine **Todesgefährten** für den Bombenwurf auch nur in verschwimmender Ferne verantwortlich gemacht werden konnten. Aber man wollte unter den Arbeitern Schrecken verbreiten und setzte mit Hilfe bedenklicher Zeugen und gefügiger Richter die Verurteilung durch — ein Verfahren, das einige Jahre später von dem noch jetzt amtierenden Gouverneur **Altgeld** von Illinois als **reiner Justizmord** gebrandmarkt worden ist. Die nur zu lebenslänglichem Zuchthaus verurteilten Mitangeklagten **Neebe und Genossen** wurden denn auch sofort in Freiheit gesetzt. Diese That des rechtlich denkenden Gouverneurs — der Mann ist deutscher Abstammung — wurde von der ganzen anständigen Welt mit Beifall begrüßt, und es verdient tadelnden Hinweis, daß sie in Deutschland nur von demokratischen Blättern ausführlich besprochen, von den Organen der staatserhaltenden Parteien aber nur flüchtig berührt worden ist, jedenfalls weil ihnen die Tragweite der ehrlichen That zuwider war.

Zu welchen Justizmorden würde aber der § 111 auch in Deutschland führen, der sogar die **erfolglos** gebliebene Aufforderung mit den nämlichen Strafen belegt wie die That **selbst**?

Alle unsere geistigen und moralischen Instinkte als eines großen alten Kulturvolkes müssen gegen eine solche Knechtung rebellieren. Man hat keinerlei Recht, uns Gesetze zu geben, wie sie sich kaum ein Sklavenstaat oder ein erobertes Volk bieten lassen würden.

Und welche **Barbarei** liegt darin, würdig der gewaltthätigsten Renaissance-Zeit, würdig auch der frommen Zeit der Hexenprozesse und Folterkammern, Leute für **Meinungsäußerungen**, für Worte mit monate- und jahrelangem Gefängnis zu strafen, sie auf's empfindlichste an Leib und Leben zu schädigen. Wie unbewußt leichtherzig unsre Richter **jetzt** schon solche exorbitante Strafen verhängen, bewies neulich wieder einmal ein Fall in Berchtesgaden, wo ein Mann, der Beleidigung angeklagt, zu 6 Monaten verbonnert wurde. Auf eingelegte Berufung kam er mit 30 Mark Geldstrafe davon.

Auf Grund des bestehenden Vereins=Gesetzes ist es möglich gewesen, daß z. B. während des Jahres 1894 allein im Königreich Sachsen 3 Vereine verboten und nicht weniger als 70 Vereine (14 politische, 20 gewerkschaftliche, 27 Gesang= und 9 Turnvereine) aufgelöst worden. Ferner wurden 91 Versammlungen und 43 Festlichkeiten verboten, 28 Versammlungen aufgelöst, 18 Ausweisungen und 17 Haussuchungen vorgenommen. Außerdem wurden gegen Sozialdemokraten insgesammt 16 Jahre 5 Monate 12 Tage Gefängnis, 1 Jahr 17 Tage Haft und 22 697 Mark Geldstrafe erkannt.

Umstürzler! — ich frage Sie, wer ist denn nach dieser Vorlage und nach den Tendenzen, die sich immer mehr in unserer formalistischen, wortklauberischen Rechtsverwaltung ausbreiten, kein Umstürzler? Ist es denn wirklich so, daß wer die heutige „Ordnung" angreift, oder eine Diskussion über die unleugbaren Not- und Übelstände unserer Zeit beginnt, das in der Welt Bestmöglichste „umstürzen", am ausgemacht Allerheiligsten freveln will?

* * *

Alles was dem konstitutionellen Leben der praktisch fortschrittlichen Staats=Vernunft entfremdet und der naiven Seele des Volkes zuwider ist, das scheint in den oberen Regionen des Reichs am Ausgange des neunzehnten Jahrhunderts nationale Experimentier=Politik zu werden.

Wie, wenn das Volk einmal die Geduld verlöre und ein wenig mit seinen Experimentatoren experimentierte, statt sich ewig die Rolle des Versuchskaninchens zuerteilen zu lassen?

Wir wollen die Sache so kaltblütig und so hoch als möglich nehmen und uns nicht zu tief in den Kleinkram der Tagesgeschehnisse verlieren.

Nur einiges sozusagen Symbolische wollen wir aus dem Spreuhaufen der verwehenden Alltäglichkeit herausziehen.

Da ist zunächst die Geschichte von der verschwundenen Inschrift über dem Portale des Reichstagsgebäudes charakteriſtiſch. Der gutmütige Baumeiſter hatte bekanntlich urſprünglich in den Plan gezeichnet: „Dem deutſchen Volke." Wäre er ein Seher oder ein Prophet großen Stiles, der den ſpäteren ſchlimmen Wirrwarr vorausgeahnt und verkündigt, ſo hätte er vielleicht den Spruch aus dem alten Teſtamente gewählt: „Mene tekel upharſin — Gewogen und zu leicht befunden!" Zu leicht befunden, die darin ausgehen, die Mehrheit der Volksvertreter, die ihr ſchweres Amt auf die leichte Achſel nehmen und aus der Sache des Volkes ein Geſchäft der Parteien machen — und oft was für ein Geſchäft, du blutiger Heiland!

Aber er war kein Prophet und kein Warner, der gute Wallot, ſondern nur der ſchlichte Baumeiſter mit dem Richtſcheit, nicht mit dem Schwert und der Wage in der Hand.

Und ſo war auch ſeine Widmungsſchrift in gutem Glauben ſchlicht und recht gerichtet: „Dem deutſchen Volke."

Aus allzugroßer royaler Liebedienerei, Leiſetreterei und Kriecherei wurden dieſe Worte bekanntlich nicht angebracht. Billig geurteilt, können wir in dieſem Verhalten, von anderem abgeſehen, nichts als „den Gipfel der Geſchmackloſigkeit" ſehen — (ein Ausdruck, den ſich der Kaiſer in ſouveräner, kunſtkritiſcher Laune über das Reichstagsgebäude geleiſtet hat).

Nach dem Willen der Reichstagsbaukommiſſion ſoll nun die Inſchrift lauten: „Dem deutſchen Reiche."

Das Reich iſt ein abſtrakter Begriff. Es iſt die Vereinigung von einigen zwanzig Staaten mit ihren Fürſten an der Spitze. Etwas Greifbares aber iſt das Wort „Volk", das in dem Reichstagshauſe gut oder ſchlecht vertreten iſt und dort an der Geſetzgebung mitwirkt. Dieſes Haus gehört nach dem Urteil des geſunden Menſchenverſtandes in der That dem deutſchen Volke. Nur verſchrobene Gelehrſamkeit kann das beſtreiten, und nur die höchſte Angſtmeierei kann darin etwas Staatsgefährliches erblicken.

Alles was recht iſt, aber wenn die Reichstagsbaukommiſſion ſelbſt nicht mehr wagt, öffentlich dem Volke zu geben was des Volkes iſt, dann ſtinkt's bedeutend in der Fechtſchule an der Spree.

In jenen ſchönen Zeiten, wo Bismarck noch in voller autokratiſcher Junkerkraft auf dem Kanzlerpoſten hantierte und als gleichzeitiger preußischer Ministerpräsident sich mit seinen Kollegen so gut abraufte wie mit den ersten besten Umstürzlern, die damals noch „Reichsfeinde" hießen, da schrie er einmal im Zorn einem Abgeordneten von der Linken zu: „Ach, was da mit dem Volk! Sind etwa Sie allein das Volk? Ich und der Kaiser gehören auch zum Volk!"

Diese Empfindung scheint im hohen Regierungsolymp seit der Erfindung und Anwendung des Reichstags-Weihestrickes, der das Volk vom kaiserlichen Haus- und Hofstaat trennte, nicht mehr geteilt zu werden.

Daher wählte man das dürre, dürftige Wort „Reich" zur Inschrift. Woraus zu ersehen, daß Volk und Reich zweierlei, was wir übrigens schon lange spüren konnten.

Gefühlvolle Leute sind nachträglich noch mit dem Vorschlag herausgekommen, zu schreiben: „Dem deutschen Vaterlande." Für poetisch veranlagte Naturen klingt das gewiß schön; aber der Zauber wird beeinträchtigt durch die Erinnerung an die Zeit der Ausnahmegesetze, wo man politische Gegner wie Jesuiten und Sozialdemokraten gleicherweise im Handumdrehen über die Grenzen des Vaterlandes schmiß.

Und noch schmerzlicher würde die Erinnerung an jene viele Millionen von deutschen Stammesgenossen sein, die bei der Gründung des Reiches, das sehr kleindeutsch und sehr großpreußisch ausgefallen ist, draußen bleiben mußten — und es sind die besten und rasseechtesten Deutschen darunter, und wir haben heute nichts für ihre Bedrängnis als die mageren Bettelpfennige des „deutschen Schulvereins".*)

Der alte Arndt hat Recht behalten mit seinem Lied: Dein Vaterland muß größer sein — des Deutschen Vaterland ist in der That und Gott sei Dank größer als das neudeutsche Reich.

So kommt man selbst bei so scheinbar nebensächlichen Dingen bei uns über schmerzliche Erinnerungen so wenig wie über die kleingeistige Rabulisterei unserer diplomatischen Reichsgelehrten hinaus.

Und warum? Weil uns der große geniale Zug und

---

* Siehe „Die Bedrängnis des Deutschtums in Östreich-Ungarn" von H. Nabert (Verlag von Robert Lutz, Stuttgart. Preis 60 Pfennig).

Schwung abhanden gekommen, in allen Stücken, weil uns jene idealen Güter eines wahrhaft großen Volkes fehlen, die nur in der Luft der Freiheit und tapferer Gesinnung gedeihen können.

Nach der „verlorenen Inschrift" und dem „Reichs= tags=Weihe=Strick", wer war der erste Gast, der sich un= gebeten meldete und ungestüm „im Namen des Gesetzes" am Thor des Reichstags anklopfte? Der k. preußische Staatsanwalt, um einige sozialdemokratische Volksvertreter, die beim Kaiserivat sitzen geblieben, wie es ihr gutes Recht, wegen — Majestäts= beleidigung herauszufangen! Und welches war die erste Ge= setzesvorlage, welche im neuen Hause den Repräsentanten des deutschen Volkes serviert wurde vom Kaiser und den mit ihm ver= bündeten Fürsten? Die Umsturzvorlage! Sind das nicht recht bezeichnende Dinge, wohin wir in Deutschland mit dem Ansehen des Volkes, seinen Rechten und Freiheiten gekommen sind?

Kleben doch selbst unserer Reichsverfassung, einem selt= samen Gemisch von Konstitutionalismus und Herrscherwillkür die Eierschalen des borussischen Absolutismus noch am Hintern und nie= mand hat in diesen fünfundzwanzig Jahren den Mut gehabt, sie wegzupflücken. Ist das überhaupt eine Reichsverfassung im ein= heitlichen Sinne, die gestattet, daß wichtige Reichsteile, wie Mecklen= burg, heute noch feudal=patriarchalisch ohne eigene Landeskonstitution regiert werden? Oder wo die Völker von Reuß von ihrem Für= sten künstlich in der Widerspenstigkeit gegen das Reich erzogen werden?

Daß das 316 Quadratkilometer und ganze 52 000 Einwohner umfassende Fürstentum Reuß ä. L. eine Nationalhymne be= sitzt, ist jetzt erst der Welt wieder ins Gedächtnis gerufen worden. Nach der „Landeszeitung" für Reuß ä. L. sind bei der Feier des vierzehnten Geburtstags der Prinzessin Emma im Städtischen Verein, „der Pflanz= und Pflegstätte echten Reußentums", Nebelbilder vorgeführt worden, u. a. auch die Porträts der Mitglieder der Fürstenfamilie. „Das des regierenden Fürsten", schreibt die „Lan= deszeitung", betrachtete die Versammlung, „indem sie stehend den ersten Vers der Reußenhymne sang". Und wie lautet diese Probe nationaler Hymnenkunst?

„Es leb' das reußsche Haus
Und alle, die daraus
Fürst Reußen nennen sich.
Absonderlich Reuß Heinrich, Hurrah!
Absonderlich Reuß Heinrich, Hurrah!
Der Lobenstein führt
Und Ebersdorf ziert —
Zu aller Reußen Lust!"

Möglich ist, daß der Text im Laufe der Jahre etwas geändert worden ist, so lautete er aber in den vierziger Jahren. Wie man sich erzählt, ist dieses reußsche Nationallied auf Befehl des Fürsten Heinrich, des Zweiundsiebzigsten, welcher 1824 die Regierung über das Fürstentum Lobenstein-Ebersdorf antrat und im Juli 1848 infolge der Revolution abtrat, höchstpersönlich selbst gedichtet und komponiert worden.

Ist das nicht ein köstliches Stückchen innerer Reichseinheit?

Steckt in diesem Genist von Kleinstaaten in Mittel= deutschland nicht eine vorsintflutliche Krähwinkelei, die ein Hohn ist auf jeden vernünftigen Ausbau eines modernen großen Reiches?

Hat man nicht sogar vor kurzer Zeit erst für das durch Aussterben der regierenden Linie herzoglos gewordene Coburg=Gotha einen Regenten aus England herüberkommen lassen, damit die klein= staatliche Vielregiererei in Thüringen keinen Abbruch erleide?

Ja, unsere Reichsverfassung kann sich sehen lassen. Auf der einen Seite gewährt sie allgemeines Wahlrecht, auf der andern Seite setzt sie die Diätenlosigkeit fest, damit das Volk seine Abgeordneten ausschließlich aus den vermögenden Schichten zu wählen gezwungen wäre und ja kein intelligenter armer Teufel die Reichs= tagsbänke verunziere und einmal ungeniert das Wort im Namen der Ärmsten und Gedrücktesten nehme, die doch laut Statistik einen überaus starken Prozentsatz der deutschen Bevölkerung bilden. Poli= tische Bildung und politischen Einfluß an den materiellen Be= sitz zu knüpfen, ist das nicht ein feines Widerspiel zum verfassungs= mäßigen allgemeinen Wahlrecht?

Wie's in der Shakespeareschen Römer=Tragödie heißt, so dachten auch unsere schlauen Verfassungs=Verfasser: „Laßt wohl= beleibte Männner um mich sein, mit glatten Köpfen, und die nachts gut schlafen; der Caffius dort hat einen hohlen Blick, der denkt zu viel — die Leute sind gefährlich!"

Aber gut, die Reichsboten sollen unentgeltlich in dem teueren Berlin amtieren. Amtieren denn aber auch die Bundesratsmitglieder und Minister unentgeltlich, oder regieren die Fürsten von Gottesgnaden um Gotteslohn? Warum sollen nur gerade ihre an der Reichsregierung zur Mitwirkung aus dem Volke Gewählten unentgeltlich um Gotteslohn jährlich viele Monate in der Reichshauptstadt arbeiten? Oder wenn sie zu arm sind, sich ein Almosen aus der Tasche der Partei reichen und dadurch in demütigender Abhängigkeit vom Brodkorb ihrer Wähler halten lassen?

Wer ehrlich den Zweck will, soll doch auch die Mittel zum Zweck nicht versagen. Aber in diesem Punkte haperts überall, und es bleibt nichts unversucht, ein Volksrecht, das die linke Hand gewährt, mit der rechten zu beschneiden. Daher oft in den allerwichtigsten Fragen des Reichslebens dieser Mischmasch von Gerade und Ungerade, die trügerische Verwechslung von Mittel und Zweck, die Zwiespältigkeit und Doppelzüngigkeit im Großen wie im Kleinen.

Stellen wir z. B. einmal vernünftigerweise als Zweck des Reiches einfach auf: Das Volk und sein Wohl in ungehemmter Entwicklung zu immer befriedigenderen Zuständen — und prüfen Sie daraufhin unsere gesamte Gesetzgebung und Verwaltung seit 1870, so werden Sie zu kuriosen Ergebnissen gelangen.

Wie schützen unsere Staatskünstler den armen Mann, der die übergroße Mehrzahl des Volkes, über zwei Drittel sämtlicher Reichsbewohner bildet? O sehr einfach: durch möglichst reichliche indirekte Besteuerung aller Lebens- und Genußmittel, an denen er nebst zahlreicher Familie mit dem hungrigen Maul nicht vorbeikommen kann. Durch hohe Erbschaftssteuern, durch Luxussteuern, durch progressive Einkommensteuer und dergleichen, die nur die Reichen und Reichsten träfen und die Schultern des armen Mannes frei ließen? Gott bewahre! Die vielen regierenden Fürsten und ihre Häuser, die zahlreichen reichsunmittelbaren Herren vom höchsten Adel und kolossalem Vermögen bezahlen überhaupt keine Steuer. Man kann also ruhig sagen: das Reich wird von den Armen unterhalten, seine größten Einnahmen werden von der Armut aufgebracht.

Schon in der Reichstags-Session 1875/76 erklärte Bismarck, die **direkten** Steuern in den Einzelstaaten seien ein harter und plumper Notbehelf. **Alle Mittel seien nach Möglichkeit durch indirekte Steuern aufzubringen.** Als besonders zur Besteuerung geeignet empfahl Bismarck: **Bier, Kaffee, Zucker, Petroleum, Tabak** u. s. w. Diese Bismarck-Rede ist der Ausgangspunkt gewesen zu jener skandalösen Finanzpolitik, welche bis 1888 die **indirekte Reichssteuer** derart vermehrt hat, daß ihr Reinertrag für die Reichskasse von 242 Millionen Mark im Jahre 1878/79, elf Jahre später (vor dem Abschluß der neuen Handelsverträge) sich auf **676 Millionen Mark** steigerte. So schont und beschützt man im Reiche Bismarcks den armen Mann! Der geringste Taglöhner muß steuern, bis ihm die Schwarte kracht — **indirekt**, damit's keine Exekution und keine aufregende Szenen gibt, und der reichsunmittelbare, steuerfreie Adelige kann billigen Champagner trinken, denn er bekommt den Zoll zurückvergütet.

Wie schützen unsere Staatskünstler die alten, vom Großkapitalismus und der Spekulation bedrängten Erwerbsstände, den Handwerker und Bauern? O sehr einfach: Durch allerlei Schutzzölle, Handelsverträge und Militäranleihen, damit man den Leuten, was etwa an Zoll in die eine Tasche geht, aus der anderen Tasche im fünf- und zehnfachen Betrag für Militär- und andern Lasten wieder nehmen kann. Nur den ganz großen Industriellen und Grundbesitzern kommt der Zoll zu gute, wie den Großkapitalisten und Großspekulanten, der Börse und ihren Jobbern die ewigen Militäranleihen.

Die Reichssteuerbedürfnisse sind bei der jetzigen Finanzordnung im Militärstaate wie ein Faß ohne Boden — und das wird so fortgehen, bis alle abgewirtschaftet haben, das Reich und die kleinen Einzelstaaten, die sich jetzt schon, blind wie sie sind, ein Phäakenleben als Reichsstipendiaten träumen.

Man verweist gern auf das **wohlhabendere Frankreich**, das im Steuerwesen seine Leute auch nicht schone und eine schwere Menge indirekter Steuern habe. Man verschweigt jedoch, daß unter den indirekten Steuern die den geringeren Mann weniger treffenden Stempelsteuern (enregistrements) dort den Hauptposten bilden, sowie daß man bei den Franzosen **mehr direkte Steuern** erhebt, als bei uns, also die vermögenden Leute viel schärfer heranzieht. Aber hat das überhaupt einen Sinn, das siegreiche Deutschland mit dem besiegten Frankreich zu vergleichen, um für den steuerüberlasteten deutschen Kleinbürger den Trost herauszuschinden, daß sein französischer Leidensbruder wahrscheinlich noch übler angelegt sei? Frankreich hat seit 1870 als der besiegte Teil eine kolossale Kriegsschuld auf dem Buckel — und wir, als der siegende Teil mit dem „Milliardensegen" sollen uns mit dem Gedanken aufrichten, daß es uns doch nicht ganz so schlecht gehe wie den Franzosen? Fürwahr, es ist schwer *keine Satire* auf diese ganzen Kriegs- und Siegsherrlichkeiten zu schreiben, wenn das der ideale Zustand ist, daß Sieger und Besiegte gleichermaßen und mit gleicher Geschwindigkeit der Teufel holt. Eine Liebesgabe ist der andern wert.

Weiter im Text.

Fragen wir einmal — nicht nach der Grundlage der Politik im Offenbachschen Reich der Großherzogin von Gerolstein, sondern nach den **Grundlagen des Reiches**, das das unsrige ist.

Stellen wir aber zu einleuchtenderem Vergleich zunächst einige Vorfragen.

Zum Beispiel die: Welches sind die Grundlagen eines **wachsenden Baumes**? Antwort (geben Sie acht!): Die Krone, die Äste, die Blätter, der Epheu, der sich um den Stamm schlängelt, der Pfahl, der ihn stützt, der Leimring, der den Raupen den Spaziergang verleidet. Nicht wahr? Ja, da lachen wir.

Oder: Welches sind die Grundlagen eines **großen Finanzunternehmens**, eines **Bankgeschäftes**? Antwort: Der eiserne Schrank, der schöngedruckte Briefkopf, der Portier in Livree. Da lachen wir wieder, oder auch nicht, je nachdem, denn die Sache ist ersichtlich zu dumm, und die Firma Eulenspiegel und Kompagnie ist nicht die kreditfähigste am Platz.

Oder: Welches sind die Grundlagen eines **Bauerngutes**? Antwort: Der Zaun, die Mauer, die Windfahne auf dem Dach, die Flinte an der Wand, der Hofhund an der Kette. Da lachen wir vielleicht zum drittenmal.

Nun aber: Welches sind die Grundlagen des Staates? Wir raten nicht lange. Die Grundlagen des Staates sind — Heer und Marine. Nach allerhöchstem kaiserlichen Ausspruch. Wir verneigen uns. Das genügt.

Andere könnten meinen, Heer und Marine seien nur Schutzmittel, Nothelfer in Gefahren, aber keine Grundlagen. Grundlagen des Staates seien die Millionen denkender Köpfe, braver Herzen, fleißiger Hände. Grundlagen des Staates seien die Arbeiter, welche Werte schaffen, den Nationalwohlstand erzeugen, worauf man eine kulturmäßige Erwerbs- und Genußgemeinschaft, einen Staat zu Schutz und Trutz, ein Reich mit weiten Grenzen und hohen Zielen bauen könne.

Summa: Die Grundlage des Staates ist — das Volk!

Bei Gott, wahrhaftig, dieses edle Maultier von Volk, das im Lastwagen geht und im Pfluge, das die Prachtkarossen zieht und sich reiten läßt, dieses verwendsame, tüchtige Geschöpf, das stille steht auf Kommando und sich rührt auf Kommando, dieses genügsame, treue Wesen, das Hurrah schreit, wenn die begeisternde Stunde da ist, das in die Kirche läuft und seine Sünden beichtet und für die Obrigkeit betet, wenn feierlich die Glocken läuten, das Volk, das sich drücken, schinden und schaben läßt, um mit Luther zu reden: Das Volk die Grundlage des Staates!

Dünkt uns das nicht unglaublich? Und in der That, wie Figura zeigt, andere Leute, denen alles von selbst in den Schoß fällt, die nichts zu erarbeiten brauchen, die nur in die besondere Wiege sich betten dürfen, wenn sie auf die Welt kommen, um die Macht und Kraft und Herrlichkeit in die Hand zu bekommen — diese Leute können sich's auch anders vorstellen.

Gestatten Sie mir, beiläufig noch eine Frage aufzuwerfen: Wer war zuerst da, das Volk oder der zur Herrschaft des Volkes kam? Der sogenannte „Landesvater" oder die sogenannten „Landeskinder"? Und wie hat sich das Volk im Wechsel der Landesväter befunden, insonderheit befunden, bevor der letzte der sogenannten

„angeſtammten" Landesväter an die Reihe kam? Und iſt das, was zeitlich zuletzt kam, ein Abſchluß für die Ewigkeit? Es ſcheint feſtzuſtehen, das Volk war zuerſt da und hat ſich ſein Daſein erarbeitet und muß ſich's fort und fort erarbeiten. Aber gewiſſe Herren pflegen ſich's anders vorzuſtellen.

Und dieſes „ſich's anders vorſtellen" entſcheidet. Es gibt der Sache ein anderes Geſicht, eine andere Bedeutung, eine andere Schätzung.

Und unter Umſtänden wird dieſes „ſich's anders vorſtellen" notwendigerweiſe zu einer Brutſtätte von Zwiſtigkeiten und endloſem Unheil. Die ganze Methode des Lebens und Verhaltens hängt davon ab.

Wie ſtellen Sie ſich's vor, wie man einen **kranken**, von **Schwäche, Notſtänden** und **Neigung zu Krämpfen** und **kritiſchen Anfällen geplagten Körper** behandelt? O ſehr einfach, belehrt uns der obrigkeitlich patentierte Medizinmann: Man ſchnürt und bandagiert den Kranken, daß er kein Glied mehr rühren kann, man entzieht ihm jede Freiheit, wenn möglich auch die des Denkens, wenn möglich auch die der Hautempfindung, damit er beſchwören kann, falls er von einem Kerl in Uniform gehauen wird, es ſei ohne Schmerzgefühl geſchehen. Dann gießt man ihm von oben mit allerlei ſalbungsvollen Sprüchen, am beſten in lateiniſcher Sprache, die heilſamen Mittel ein, verſtopft ihm das Maul, damit er nicht vor Schmerz brüllen kann, feſſelt ihm die Zunge, damit er das ſchlecht ſchmeckende Zeug nicht herauszuwürgen vermag.

In verzweifelten Fällen **similia similibus** — Gleiches wird mit Gleichem kuriert, der befürchtete Umſturz von unten mit dem thatſächlichen Umſturz von oben. Man ſtellt den gehörig gefeſſelten Patienten auf den Kopf und trichtert ihm durch die erſte beſte Öffnung Religion, Sitte, Ordnung, Fürſtenverehrung, Prieſterreſpekt, Junkerdevotion u. dgl. in möglichſt ſtarker Doſis ein. Es iſt unglaublich, was ſo ein Körper verträgt, namentlich wenn's ein **Volkskörper** iſt, und ganz beſonders ein **deutſcher** Volkskörper, der verträgt Eiſen und Blut in fabelhaften Quantitäten, das Eiſen, das man ihm giebt, das Blut, das man ihm abſchröpft.

Summa: es kommt alles darauf an, wie man sich's vor=
stellt und was sich ein Patient bieten läßt. Daraus entwickelt
sich dann die Rezeptierkunst oder die Gesetzgebung eines
Landes. Die K r o n e dieser Gesetzgebung ist dann gewöhnlich eine
sogenannte Umsturzvorlage.

Mit wissenschaftlicher Soziologie und Volksbesserungskunst auf
natürlicher Grundlage hat dieses kunstvolle Verfahren der Staats=
weisen nichts zu thun. Es sind uralte, eigenartige P r a k t i k e n,
so merkwürdig wie die des D o k t o r s E i s e n b a r t, so geheimnisvoll
wie die des S c h ä f e r s T h o m a s. Es lohnt sich, weil nun doch
einmal diese Kur am Ausgange des Jahrhunderts im Lande der
Dichter und Denker wieder in Blüte steht, ein wenig dabei zu
verweilen und näher hinzugucken.

Eins der hartnäckigsten Volksleiden hängt mit der Einrichtung
der E h e zusammen. Und da sich der Patient darüber in allerlei
Sinnieren verloren, wie da wirksam zu helfen sei, kam die als
heilig gepriesene Ehe selbst ins Gedränge. Man nahm sich die
Freiheit, die Ehe wieder einmal kurzweg als P r o b l e m unter das
Vergrößerungsglas zu stellen. Das paßte den Staatsgewaltigen
nicht. Sie wollten nicht gestatten, daß die Ehe etwas Proble=
matisches sei, das man mit Fragen und Untersuchungen quälen
und um das heilige Ansehen bringen dürfe. Alle Wetter, nein.
Das liefe gleich auf's „B e s c h i m p f e n" hinaus und dagegen
müsse mit dem scharfen Schwert des Gesetzes eingeschritten werden.
Wer die Ehe in Wort, Schrift, Bild „beschimpft", wird prozessiert.
Denn die Ehe hat dem Militärstaat nicht nur die Rekruten zu
liefern und zu unterhalten, sie ist in gewissen amtlichen Berufs=
ständen in schwierigen Zeitläuften zugleich ein ausgezeichnetes Werk=
zeug, die Leute regierungsgefügig zu machen, ihnen den Kappzaum
überzuwerfen, ihnen die selbstherrlichen Gelüste auszutreiben, sie an
jeden Windwechsel zu gewöhnen, und dergleichen schöne Dinge mehr.

Natürlich bindet man das dem großen Haufen nicht auf
die Nase, man spricht bloß von der „Heiligkeit" der Ehe. Von
der — Heiligkeit! Daher die lustigen Offenbachiaden und Ope=
retten und andere Pariser Artikel von Sardou und Lindau und
Blumenthal in den vergnüglichen Luxustheatern unserer Bourgeoisie

und sogar in den Hoftheatern. Alles um der — Heiligkeit der Ehe willen!

Aber was dem sündhaften Vergnügen in diesen Lustorten nachläuft, ist ja nicht das Volk im gewöhnlichen Sinn, sondern die oberen Zehntausend, deren „höhere Bildung" aus ihrem mächtigen Besitz fließt und denen die Pikanterien an der angestammten Heiligkeit nichts verderben können. Also Schutz der Ehe — nicht um der Oberen, sondern um der Unteren willen, versteht sich.

Auch die fromme katholische Geistlichkeit von unfehlbaren Papstes Gnaden nimmt der Ehe gegenüber eine Ausnahmestellung ein. Sie verkündigt die Ehe als ein von Gott eingesetztes — was hat der gute Herrgott nicht alles eingesetzt, wenn man die allwissenden Priester hört! — Sakrament, garniert mit einem immergrünen Kranz der allerbesten und dauerhaftesten Gnaden. Für das gemeine, unpriesterliche Volk, natürlich, denn die Herren römischen Kirchen-Priester und Klosterleute machen bekanntlich von diesem heiligen Sakrament und seinen Gnaden keinen Gebrauch, höchstens ab und zu als Hospitanten, wenn sie ihr geweihtes Gewand ausziehen und zur nackten Menschheit zurückkehren, oder wie der famose Jesuit Graf Hoensbroech neulich erst sich dem Protestantismus und dann einer hübschen protestantischen Theologieprofessorstochter in die Arme zu werfen.

So alt wie die katholische Kirche ist der Zölibat der Priester ja bekanntlich auch nicht, es hat jahrhundertelange harte, zum Teil grausame und mörderische Kämpfe gekostet, bis die Päpste den Priestern das Heiraten abgewöhnt hatten. Denn wenn schon die Apostel von der Güte der Ehe ziemlich zweifelhaft dachten und den Ausspruch thaten: „Heiraten ist gut, Nichtheiraten ist besser" und dann den nicht sehr vornehmen, hygienisch jedoch wohl richtigen Satz dazufügten: ... „um der Hurerei willen habe ein Jeglicher sein eigenes Weib und eine Jegliche ihren eigenen Mann ... es ist besser freien, denn Brunst leiden" — so kann man annehmen, daß es in den ersten christlichen Jahrhunderten auf dem Gebiete der Ehe bei Geistlichen und Weltlichen nicht immer sehr einmütig, sehr zweifelsohne und sehr reinlich zugegangen ist. Und auch später ist es nicht viel anders gewesen, denn auch das

Sakrament der Ehe ist ein **Notprodukt der menschlichen Entwicklung**, die Herren Orthodoxen mögen behaupten was sie wollen. Wenn sie aber gar von göttlicher Einsetzung der Ehe im Paradiese reden, so können sie wenigstens nicht nachweisen, daß damals der Herrgott mit dem Weibe zugleich einen Priester geschaffen habe, um Adam und Eva nach kirchlichem Ritus zu trauen. Adam und Eva haben ihre Kopulation sehr einfach von selbst besorgt, und ihre paradiesische Ehe war recht und schlecht eine **Zivilehe und kein Sakrament**. Dieses ist sie bei der **protestantischen** Christenheit heute noch nicht, und auch der moderne Staat begnügt sich mit der Zivilehe und fordert zur Rechts= giltigkeit des Eheschlusses nicht, daß irgend ein Priester die Hand dabei im Spiele habe.

Daher fragen wir billig: Verehrte Staatsherren von der Um= sturzvorlage, welche Form und Auffassung der Ehe soll sich hinfüro eures besonderen Schutzes erfreuen? Welcherlei Ehe soll nunmehr mit neuem preußisch=deutschen Reichspatent= und Markenschutz allen Umstürzlereien gegenüber ausgezeichnet werden? Und wird auch die unfehlbare Papstkirche wegen „Beschimpfung" der Ehe belangt werden, weil sie ihren Dienern das Heiraten, als wider den Begriff der Heiligkeit streitend, untersagt, mehr noch, weil sie mit dem Dogma der immaculata conceptio („unbefleckte Empfängnis") die gewöhnliche Erzeugung des Menschen in der Ehe als schmutzig brandmarkt? Wie reimt sich überhaupt diese ganze theologische Ehegeschichte zusammen?

Und wie will der Staat uns Schriftstellern, Dichtern, Denkern, Soziologen, Kultur= und Sittenforschern gegenüber verfahren, wenn wir die Ehe aufs Korn nehmen?

Der Staat hat gar kein vernünftig erweisliches Recht, in den Bezirk unserer geistigen Thätigkeit, in unser Forschen, Dichten und Denken sich einzudrängen und mit Zwangs= und Strafmitteln um sich zu schlagen, wenn ihm die Ergebnisse unserer Geistesarbeit nicht passen. Es muß uns gestattet sein, wie dem Chemiker mit seinen Elementen und Stoffen, daß wir in voller Unbefangenheit und Rücksichtslosigkeit mit den feinsten Elementen, mit den heikelsten Stoffen, mit den schwierigsten Problemen der Moral, mit den ge=

fährlichsten Hypothesen und Rätseln des Kulturlebens experimentieren. Keinerlei Erfahrung, die wir in der sozialen und psychischen Geschichte gemacht, und wäre sie noch so bitterböse, darf uns in unsern Schriften und Dichtungen verwehrt sein, gleichgiltig, ob irgend ein Mensch etwas „Beschimpfendes" spürt oder nicht. Wahrheit, Wissenschaft, Kunst stehen über allen Dummheiten, Empfindlichkeiten und Rachsüchten der Menschen. Wie könnte sonst die Kultur sich behaupten? Wie sollten wir sonst im Geistesleben zu immer reicheren Aussaaten, zu immer herrlicheren Ernten gelangen? Wie vermöchten sonst unsere deutsche Wissenschaft, Kunst und Dichtung im Wettkampfe der Kulturvölker immer stolzeren Zielen zuzustreben? Sollen die deutschen Wissenschafter, Dichter und Künstler ihre Ideen erst der löblichen Polizei zur Begutachtung einreichen?

Herr v. Köller, immer böller, mag sagen was er will — uns schaffenden Geistern imponiert das nicht und verpflichtet uns zu nichts. Nicht neue Mauern, sondern n e u e G a s s e n sollen und wollen wir der Freiheit bauen.

Auch die Ehe wäre ohne die Freiheit ein Nonsens.

Als altes christliches Kulturvolk haben wir offiziell die Monogamie, die privilegierte Einehe, wie unsere muhamedanischen Nachbarn die Polygamie, die Vielehe haben. Neben der offiziellen Paarung haben wir noch, mehr oder minder heimlich, allerlei Sorten von Ehe, ein ganzes Musterlager — nicht „weit hinten in der Türkei", sondern unter uns, im „Reiche der Gottesfurcht und frommen Sitte", in Preußen, Bayern, Sachsen u. s. w. — und jährlich zehn bis fünfzehn Prozent „außereheliche" Kinder dazu. Die Chronique scandaleuse der Höfe und der „Gesalbten des Herrn" mit inbegriffen.

So stark wie August der Starke von Sachsen haben es auch andere Kronenträger in praktischer „Beschimpfung" der heiligen Ehe getrieben. Friedrich Wilhelm II. in Preußen mit seiner Gräfin Lichtenau, Ludwig I. in Bayern mit seiner Lola Montez, Kronprinz Rudolf in Österreich mit seiner Vetsera — um nur die berühmtesten E h e t r a g i k o m ö d i e n i n r e g i e r e n d e n H ä u s e r n zu nennen, waren lauter regelrecht verehelichte Herren. In den hohen und höchsten Ständen wird ja fleißigst der Ehe zugesprochen, und reicht die rechte Hand nicht aus, so traut man auch auf die linke. Was sah das Volk nicht schon für Eheschauspiele an sich vorüberziehen, von den fürstlichen Hirschparks des vorigen Jahrhunderts bis herab auf die „wilden" Ehen der modernen, ausgebeuteten Arbeiterwelt, die das Elend noch weniger aushielte, wenn das „bischen Lieb' nicht wär.'"

Zuweilen schien der ganze „Gothaische Almanach" in Unordnung geraten, an den gepflegtesten Stammbäumen wucherten geile Schößlinge und allerlei schönes Ungeziefer, und über die Reinheit des „blauen Blutes" machten sich Lakaien, Kutscher, Grenadiere so gut ihre zollfreien Gedanken wie die ernstesten Naturforscher. Mit Ausnahme des Immoralisten Nietzsche, der seiner Herrentheorie dieses Opfer des Intellekts bringen muß, glaubt kein Moralist mehr an die blaublütigen Zeugungswunder der aristokratischen Geschlechter. Daß sich diese Geschlechter äußerlich durch die Jahrhunderte halten konnten, war physiologisch eben nur durch die Verleugnung des Prinzips vom blauen Blute und durch reichliche Infusion roten Blutes möglich. Und nicht einmal das genügte überall, um den Schäden der Inzucht vorzubeugen und den physischen und psychischen Verfall der Rasse aufzuhalten, wie man gerade jetzt am Ausgange des Jahrhunderts an den zahlreichen Nerven- und Gehirnkrankheiten, an moralischem Irrsinn und Verlumpungsdrang innerhalb der adeligen Kaste, sowie an den tragischen Katastrophen in deutschen und außerdeutschen Fürstenhäusern beobachten kann.

Ja, die Ehen der hohen Herrschaften waren nicht immer heilig und auch nicht „immer lustik". Da war denn oft der bekannte Herr in Rom mit seinen Schlüsseln, die die Macht zu lösen und zu binden haben, eine viel gesuchte Persönlichkeit. Und gegen Geld, viel Geld und gute Worte erteilte er an Gottesstatt die begehrten Dispense und Scheidungen und er doktorte die vornehmen kranken Ehepakten wieder zurecht, daß sie ein erträgliches Aussehen bekamen vor dem Volke. Hatte doch auch der evangelische Romstürzer Doktor Martinus Luther ein rechtes Kreuz mit seinen lieben frommen Fürsten, denen er mit seinem klugen Mitreformator Philippus Melanchthon manch' ein Herzeleid abnehmen und zu der einen Gattin noch eine zweite gestatten mußte, damit sie frei im Gewissen, rein im Herzen, tapfer in der Liebe zu Gott und seiner reformierten Lehre verharren konnten.

Schutz der Ehe!

Gut, man schütze die Ehe, wir haben nichts dagegen. Sie ist trotz aller Fährlichkeiten und Brüche immer noch eine der Grundlagen höherer Gesittung. Obschon z. B. allein im deutschen Reiche der Überschuß der weiblichen Geburten über die männlichen weit über eine Million, und der Überschuß der Jungfrauen über die Männer im heiratsfähigen Alter sogar weit über zwei Millionen beträgt, wozu noch einige Millionen Ehescheuer aus freien Stücken kommen, nicht zu gedenken jener, die durch materielle Rücksichten gezwungen sind, auf die Gründung eines Ehestandes zu verzichten!

Beweisen nicht gerade diese Zustände, daß die Ehe, wie wir sie heute haben oder nicht haben, ein Ergebnis der Entwicklung, also der Veränderung und der Anpassung an die sozialen und wirtschaftlichen Verhältnisse unterworfen ist? Und nun will man sie gesetzgeberisch plötzlich für etwas Definitives, Unabänderliches, in heiligen Formen Festgelegtes erklären? Welche Gestalt der Ehe?

Der Staat fordert durch seinen Standesbeamten die Zivilehe, die Kirche fordert durch ihre Priester die kirchliche Ehe. Der Papst Pius hat sich in seiner Unfehlbarkeit die Freiheit genommen, die Zivilehe und die Mischehe zu verfluchen und mit dem Bann zu belegen, wie das Konkubinat.

Wird nun der Staat konsequent sein und diesen päpstlichen Angriff auf seine Form der Ehe unter Anklage stellen? Wird er den römischen Syllabus als umstürzlerische Druckschrift konfiszieren und prozessieren? Fällt ihm nicht ein, aus tausend guten und schlechten Gründen nicht — eine Krähe hackt der andern die Augen nicht aus, behauptet das Sprichwort.

Aber das berühmte, in hunderttausend Exemplaren verbreitete, in alle Kultursprachen übersetzte Buch von dem Sozialdemokraten Bebel „Die Frau und der Sozialismus" wird er aufs Korn nehmen; aber die modernen deutschen Schriftsteller und Dichter wird er bis aufs Blut drücken. Ein Novellist oder Dramatiker lasse

z. B. eine seiner Figuren sagen: „Ich mag nicht äußerlich als Fessel tragen, was mir innerster Herzensentschluß, was mein heiligster Wille ist. Freie Liebe allein ist eines freien Menschen, eines freien Geistes würdig. Mag der heutige Staat es als zuträglich erachten, die beiden Geschlechter in Rechtsordnungen einzuspannen, mir ist diese legalisierte, protokollierte, abgestempelte Ehe zuwider. Sie ist eine Philisterei, und oft schlimmer als Prostitution!" Schwuppdich, ins Loch mit dem Umstürzler, er hat die Ehe „beschimpft". Und nichts wird ihn retten, nicht einmal die Wahrheit, er habe mit diesen Worten nicht die Ehe treffen, sondern nur die Lebensanschauung eines schwärmerischen Jünglings, eines überschnappten Idealisten charakterisieren wollen, persönlich stelle er die Ehe so hoch wie irgend ein Ibsen, ein Björnson, ein Tolstoi. Hilft nichts, der Dichter wird hochnotpeinlich abgewandelt. Ach, und wie werden sich die Schwiegermütter freuen, denn auch sie sind nunmehr ein staatlich geschütztes Attribut des hl. Ehestandes, und die „Fliegenden Blätter" sind ihrer besten Witze in Wort und Bild beraubt — als Leiblektüre der Staatsanwälte.

Will man die Ehe wirklich schützen? Gut, dann schaffe man den Hunderttausenden wirtschaftlich geknechteter Arbeiter und Bediensteten eine freiere, auskömmliche Existenz, man sperre nicht Hunderttausende von Soldaten, Studenten u. s. w. in den hitzigsten Jahren in den Großstädten zusammen, man zwinge nicht Hunderttausende von Frauen und Mädchen durch den Hungerlohn und die unersättliche Begehrlichkeit der Fabrikherren zur gewerbsmäßigen Schande — u. s. w.! Man veranlasse auch die Leute, denen man eine „besonders fein entwickelte Standesehre" von staatswegen zuerkennt, nicht zur Jagd auf kapitalistische Schürzenstipendien, wie man das mit unseren Offizieren thut! Welcher Unterschied ist denn in Wahrheit zwischen solcher Ehepraxis und der Prostitution?

Auch die Monarchie scheint unsern Gesetzes-Inspiratoren ohne die Umsturzvorlage sich nicht genügend ihres Daseins freuen zu können, obwohl das friedliebende, geruhsame, gutmütige deutsche Volk seine Zufriedenheit mit dieser Staatsform dadurch bestätigt, daß es **alljährlich** für das Glück monarchisch regiert zu werden im deutschen Reich rund bare 40—50 Millionen an **Zivillisten** aufbringt — eine Summe, die sich angesichts der **Not und Bedrängnis** in allen anderen Berufszweigen wahrlich sehen lassen kann. Zwar teilen sich in diese Summe bei uns eine **erkleckliche Anzahl Monarchen**, so an die zwanzig und mehr, und wenn sich herausstellt, daß der eine oder andere nicht damit **auskommt**, so hat sich das einzelne Land, **trotz der großen Steuerlasten**, immer noch einer **Erhöhung** der Zivilliste geneigt gezeigt.

Der **politisch verhältnismäßig temperamentlose Durchschnittsdeutsche** findet in der Monarchie eine Einrichtung, die seinen sonstigen **Gewohnheiten** und **bescheidenen Ansprüchen** genügt, nur wenn **absolutistische Atavismen** sich zu auffällig machen, oder das persönliche Regiment irgend eines Kronenträgers sich mit zu starker Lebhaftigkeit entwickelt, wird er kopfscheu und schüttelt die Ohren.

Neben den Monarchieen haben wir merkwürdigerweise im deutschen Reiche mit **hoher obrigkeitlicher Bewilligung** noch die drei **Städterepubliken**. Es ist jedoch bis zu dieser Stunde nichts davon ruchbar geworden, daß unsere Republikaner von Hamburg, Lübeck und Bremen ihre **Konzession mißbrauchen** und die anstoßenden Monarchieen republikanisieren wollten. Haben Sie etwas davon gehört? Also das deutsche Monarchen-Reich hat einen guten Magen, es kann sogar Republiken vertragen.

Was will denn nun das Umsturzgesetz in diesem Punkte eigentlich? Wenn in **diesem Jahrhundert** dem deutschen Volk **ein und der andere Monarch** zu **Verlust** gegangen ist, so ist es im regelrechten Krieg geschehen, und den hat **nicht das Volk** gewollt und erklärt, sondern immer ein **anderer Monarch**, also ein Berufsgenosse von Gottes Gnaden — und dafür kann man doch **uns** nicht die Verantwortung aufbürden, denn wir waren ja nicht die Anstifter, sondern höchstens die unfreiwillig kommandierten **Mithelfer**, die bei diesem ungesuchten Anlaß ihre eigene Haut zu Markt getragen und durchlöchert zurückbekommen haben.

Das Jahr 66 ist bemerkenswert nicht durch einen Volks-, sondern einen Fürstenkrieg, also einen Umsturz von oben, wofür das Volk, wie gewöhnlich, die blutige Rechnung honorieren durfte. Streng genommen, verfahren die Dynastien antimonarchisch und antigottesgnadentümlich da, wo sie einem der ihrigen die Krone vom Kopfe reißen, wenn er phantastisch oder paranoisch geworden, wie wir das z. B. 1886 erlebten.

Also was will man eigentlich von uns? Wir können uns doch nicht anmaßen, die Monarchen vor den **Monarchen** zu schützen, wenn die nun partout mal einen werfen wollen? Und seit der neudeutschen Reichsgründung ist es den deutschen Monarchen wahrhaftig nicht schlechter ergangen, als den deutschen Völkerschaften, in und außer dem Reich. Im Gegenteil. Abgesehen davon, daß keinem Menschen in der ganzen Welt so viele Lebehochs ausgebracht, so viele Hurrahs und Huldigungstelegramme gewidmet werden, als den deutschen Fürsten seit 25 Jahren. Das ist einfach phänomenal. Und was dafür jährlich an Strafen für sogenannte Majestäts-Beleidigungen spendiert wird, ist auch phänomenal, zumal wenn man bedenkt, auf welcher Fiktion diese sogenannten Majestäts-Beleidigungen meist beruhen. Es scheint eine Art humoristischen Naturgesetzes zu sein: je loyaler, serviler, kriecherischer die Völker werden, desto reicher werden sie mit Strafen für sogenannte Majestäts-Beleidigungen gesegnet.

Also die Monarchie hat zweifellos ihr Ansehen und ihre Annehmlichkeiten, so lange sie existiert. Existiert sie irgendwo plötzlich nicht mehr, wie z. B. in unserem ritterlichen Nachbarlande Frankreich, dann muß sie sich's allerdings gefallen lassen, daß sie vom Chef der Christenheit, vom römischen Papst, auch nicht beweint wird. Der Papst hat seine eigene Manier, die Staatsformen zu taxieren: ihm sind alle von Gott verordnet und vom Himmel beschützt, so lange sie sich stramm auf den Beinen erhalten und der Kirche ergeben sind. Siegt aber irgendwo die Republik über die Monarchie, so geht der Papst unbesehen mit der Siegerin. Welcher Art die Schwulitäten sind, welche in dieser Hinsicht die Umsturzvorlage den Päpstlich-Ge-

Conrad, Der Übermensch. 5

sinnten bereitet, ist nicht schwer zu sagen. Jedenfalls geniert sich die Kirche nicht mit den Umstürzlern überall da zu gehen, wo die Umstürzler siegreich sind. Daran wird auch eine Umsturzvorlage nichts ändern.

In Deutschland soll die Monarchie hinfür u n a n t a s t b a r, mithin jeder D i s k u s s i o n und E n t w i c k l u n g entrückt sein. Sie soll sein und bleiben wie sie ist. Sie soll also quasi e i n b a l= s a m i e r t und m u m i f i z i e r t werden. G r i e c h i s c h e und r ö m i s c h e S c h r i f t s t e l l e r und k l a s s i s c h = d e u t s c h e D i c h t e r, welche von unsern gelehrten Schulbuben o f f i z i e l l gelesen werden, ziehen die republikanische der monarchischen Staatsform vor. Das ist pädagogische Ideologie und hat über das Examen hinaus für das praktische Leben keine Geltung. In der Z w a n g s s c h u l e dürfen sich unsere Jungen für gar vieles b e g e i s t e r n, worauf im praktischen Leben Verruf und Zuchthaus steht. Amerika, die Schweiz, Frankreich sind Republiken, Belgien und England, das mächtige, nur Schein=Monarchien. Die amerikanische Unabhängigkeits=Erklärung hat einst der deutsche Dichter K l o p s t o c k mit den Worten begrüßt: „Du bist die Morgenröte eines nahenden großen Tags, der Jahrhunderten strahlt." Und auch die Ode ist bekannt, die mit den Versen schließt:

„Und du Europa, hebe dein Haupt empor,
Bald glänzt auch dir der Tag, der die Kette bricht,
Du Edle frei wirst, deine Fürsten
Scheuchst und ein glücklicher Volksstaat grünest."

Bekannt ist, mit welchem Enthusiasmus der geknebelte deutsche Volksgeist seiner Zeit die f r a n z ö s i s c h e R e v o l u t i o n bejubelt hat. Man hatte damals schon ein dunkles Gefühl von der inneren sozusagen n a t u r g e s c h i c h t l i c h e n F o l g e r i c h t i g k e i t der politischen Ereignisse, wie sie später Viktor Hugo mit dem poetischen Vergleiche ausgedrückt hat: „Wenn man Revolutionen für bloßes Menschenwerk ausgeben wollte, so könnte man auch sagen, Ebbe und Flut sei Menschenwerk." Die ersten Geister der deutschen Nation, Schiller, Goethe, Kant, Johannes Müller und viele andere fühlten mit der Masse den erlösenden Hauch, der von dem revolutionären Nachbarreiche ausging und feierten ihn in schwungvollen Worten.

Solche Gefühlsergüsse und Bekenntnisse wären heute nach der Umsturzvorlage so gut wie die Goethesche Kritik:

„Es erben sich Gesetz und Rechte
Wie eine ewige Krankheit fort" —

mit Gefängnis bis zu zwei Jahren strafbar. Denn das monarchische Prinzip besagt, daß gewisse Familien durch göttliche Fügung die Herrschaft über gewisse Länder forterben, und daß dieses Gewalterbe immer von dem Erstgeborenen übernommen und ausgeübt werden soll. Ob dabei Widersprüche gegen die Naturordnung, gegen die Ethik, gegen die wissenschaftliche Moral mit unterlaufen, ob Vernunft Unsinn, Wohlthat Plage wird, kommt bei diesen mystischen Institutionen nicht in Betracht. Sie sind historisch geheiligt. Basta. Wer anders denkt, spricht, schreibt, ist ein Umstürzler und marschiert ins Loch. Das verfassungsmäßige Recht des Staatsbürgers, seine Meinung frei heraussagen zu dürfen, geht in Dunst auf.

So ist ein altes monarchisches Kulturland auf dem schönsten Wege zu russischen Zuständen.

Ein russischer Poet sang einmal: „Ein zärtlicher Blick der Geliebten ist mir mehr als die Aufmerksamkeit der ganzen Welt." Das strich der Zensor mit der Randbemerkung: „Es gibt doch auch Monarchen und sonstige Vorgesetzte der Welt, deren Aufmerksamkeit zu schätzen ist." Ein anderer Poet sollte das Lächeln der Geliebten nicht „himmlisch" nennen. Ein Naturforscher hatte über Schädlichkeit von Pilzen geschrieben. Das strich Krasowsky mit der Begründung: „Pilze sind eine beliebte Fastenspeise gläubiger Christen und wer sie für schädlich erklärt, der sucht den Glauben zu erschüttern und Gottlosigkeit zu verbreiten."

Und auch die Religion soll nun bei uns ganz anders geschützt werden als seither, obschon sich seither unsere Strafrechtspflege ehrlich um den lieben Gott und seine Gläubigen angenommen hat, wie alljährlich Unmengen von Verurteilungen beweisen. An einem Zuviel, nicht an einem Zuwenig leidet in diesem Punkte die Religion. Man weiß warum.

Vergessen wir doch nicht, daß die Religion nur als reinste Ge=

fühlspoesie, als heilige Empfindungssache positive Bedeutung für die Menschheit hat. Was hat die Religion für die Moral gethan? Blutwenig, Haß hat sie gesäet und Entzweiung gestiftet, Scheiterhaufen angezündet und Völker gegen einander bewaffnet. Ist das Moral? Aber, das ist mein Satz: Die Religion hat gar nicht moralisch zu sein, sondern nur religiös. Was hat die Religion für den materiellen Fortschritt der Menschheit gethan? Alle Industrien, alle Verkehrsmittel, alle modernen Techniken und Fortschritte haben ihren Ursprung auf nichtreligiösem Gebiete.

Die in den Kirchen organisierte Religion hat nichts zu thun, als aus all' ihren Gegensätzen Vorteil für die Kirche und Klerisei zu schlagen. Der Papst Pius IX. hat bekanntlich den modernen Geist und die modernen Fortschritte verflucht — aber die modernen Pilger machen ihre Wallfahrten nach Rom hübsch bequem auf modernen Eisenbahnen in Extrazügen.

Die Errungenschaften der Wissenschaft und Technik haben wenigstens ebensoviel wenn nicht mehr als die Religion zur Milderung der Sitten, zur Humanisierung der Völker beigetragen, große Gefühle geschaffen und neue moralische Ideale aufgestellt.

Wenn nun trotzdem heute noch Millionen Menschen sich durch die Religion beglückter fühlen, als durch die Wissenschaft, so darf man ihnen nicht Unrecht geben, denn mit dem Glücksgefühl ist's eine eigene Sache. Da herrscht der Satz: Jeder wird nach eigener Façon selig oder unselig. Religion ist Privatsache.

Also gewähre man Freiheit, allerweiteste Freiheit in allen Dingen, welche die Religion betreffen — Freiheit dem Glauben, Freiheit dem Nichtglauben, Freiheit dem Dogma und Freiheit der Kritik!

Die Hüter des Bestehenden in Staat und Kirche vermeinen der neuen Entwicklung des wissenschaftlichen Geistes, der Popularisierung naturwissenschaftlicher Wahrheiten gegenüber mit den seitherigen Strafmitteln nicht mehr auf der Höhe der Zeit zu sein.

Der alte, biedere Professor Moritz Carriere in München schrieb neulich, wenige Wochen vor seinem Tode:

„Ich bekenne mich selber zur Theosophie. Aber leugne ich Gott, wenn ich das, was heut in England und Deutschland im Anschluß an Frau Blavatsky für Theosophie oder für Geheim=Buddhismus ausgegeben wird, für vielfach schwindelhaft erkläre? „Die Inspiration ist ein Wahn" — soll jüngst ein Bonner Pro=fessor gesagt haben. Ich halte das für falsch, doch ich verstehe es, wenn er gegen die Vorstellung polemisierte, daß jeder Buch=stabe der Bibel eine direkte Eingebung des heiligen Geistes sei. Aber ich habe schon vor 40 Jahren in meiner Ästhetik erklärt: Offenbarung ist das Mächtigwerden des allgemeinen göttlichen Geistes im individuellen menschlichen; sie ist zu verstehen, wenn wir in Gott, nicht außer Gott leben und Gott nicht blos Substanz und Naturkraft, sondern auch selbstbewußter Wille ist, der in und über Allem waltet. So erklärt sich, wie Dichter alter und neuer Zeit, Heiden, Muhammedaner und Christen, von göttlicher Begeisterung, Eingebung und Erleuchtung reden, aus innerer Erfahrung reden, die wir nicht in eine Phrase hinwegdeuten dürfen. **Ist es nicht besser, wir verhandeln wissenschaftlich darüber, als daß der Staasanwalt Strafantrag stellt, weil eine Lehre der Kirche geleugnet werde?"**

Und fragen wir wieder: Die Lehren welcher Kirchen? Denn wir haben da bekanntlich eine ganze **Musterkarte von Kirchen=lehren**, in denen sich die einzelnen **Konfessionen** hartnäckigst widersprechen, z. B. die Heiligen= und Reliquien=Verehrung be=treffend.

Was haben wir z. B. nicht erst im vorigen Jahr wieder an dem sogenannten „heiligen Rock von Trier" erlebt! Daß er Lahme gehend, Blinde sehend — und Sehende meinetwegen blind gemacht, sind Wunder, für die ich kein persönliches Verständnis habe. Von mir aus kann man über Seine Heiligkeit den unge=nähten Rock von Trier Meinungen der schönsten Art haben. Ich lasse jedem seinen Fetisch und sein Amulet, bestehen sie woraus sie wollen. Weiteste Toleranz! Aber daß sich ein Strafrichter gefunden, der mit dem Strafgesetzbuche gegen die aufgeklärten Männer eingehauen, welche in der Ausstellung des „heiligen Rockes" eine Verhöhnung des Geistes Christi gesehen, das ist doch charak=

teristisch genug für die Stellung, welche der moderne Rechtsstaat zur Freiheit der Gewissen in religiösen Dingen einnimmt. Also so versteht man in unserer Rechtspflege heute den Schutz der Religion: Jede K r i t i k irgend einer kirchlichen Lehre oder V e r a n s t a l t u n g wird als b e s c h i m p f e n d e r Angriff strafrechtlich verfolgt.

Ich will ein Beispiel aus meiner eigenen schriftstellerischen Praxis anführen: Meine Bücher „Spanisches und Römisches" und „Die letzten Päpste" wurden im Verlagsort Breslau 1878 (ich lebte damals in Paris, aus Italien kommend) prozessiert, zur Vernichtung verurteilt und der Verleger Schottlaender obendrein zu 300 Mark Geldstrafe verdonnert. Und welcher Art war mein Religionsverbrechen? Damals gab's sehr viele geistliche Verfünbigungen im Beichtstuhl, namentlich machte der Skandal des Paters Gabriel in Linz Aufsehen. Da schlug ich vor, den Kindern und jungen Frauen statt der B e i c h t v ä t e r — B e i c h t m ü t t e r zu bestellen. In dieser Höhe bewegte sich meine ganze Kirchenschändung. —

Wie tief ist die geistige Freiheit in den letzten 50 Jahren bei uns im Preise gesunken!

Als vor 50 Jahren der M i r a k e l r o c k zum erstenmal vom Bischof Arnoldi ausgestellt wurde, da flutete die Woge der E m p ö r u n g über das ganze gebildete Deutschland hin — und ein junger katholischer Priester in Schlesien, J o h a n n e s R o n g e , konnte unbehindert jenen berühmten offenen Brief an den Trierer Bischof schreiben und in hunderttausenden von Exemplaren in allen deutschen Landen verbreiten, jenen Brief, der wie eine f l a m m e n d e K r i e g s e r k l ä r u n g dem gesamten Ultramontanismus und Jesuitismus ins Gesicht flog und eine m ä c h t i g e B e w e g u n g zur L o s s a g u n g v o n R o m zur Folge hatte. In jenem Brief schrieb der junge Priester:

„Wissen Sie nicht — und als Bischof müssen Sie es wissen — daß der Stifter der christlichen Religion seinen Jüngern und Nachfolgern nicht seinen Rock, sondern seinen Geist hinterließ? Sein Rock, Bischof Arnoldi von Trier, gehört seinen H e n k e r n ! Wissen Sie nicht — als Bischof müssen Sie es wissen, — daß Christus gelehrt: Gott ist ein Geist, und wer ihn anbetet, soll ihn im Geist und in der Wahrheit anbeten? Und überall kann er verehrt werden, nicht etwa bloß zu Jerusalem im Tempel, auf dem Berge Garizim oder zu Trier beim heiligen Rocke." Die Reliquien-Verehrung sei dem Evangelium zuwider, von dem Christentum in seiner besten Zeit, den ersten Jahrhunderten, verworfen und dem „gesunden, kräftigen Geiste der deutschen Völker" erst nach den Kreuzzügen beigebracht worden. „Sehen Sie, Bischof Arnoldi von Trier, dies wissen Sie, und wahrscheinlich besser, als ich es Ihnen sagen kann. Sie kennen auch die Folgen, welche die götzenhafte Verehrung der Reliquien und der Aberglaube überhaupt für uns gehabt hat, nämlich Deutschlands geistige und äußere Knechtschaft, und dennoch stellen Sie Ihre Reliquie aus zur öffentlichen Verehrung! Doch wenn Sie vielleicht dies alles nicht wüßten, wenn Sie nur das Heil der Christenheit durch die Ausstellung der Trierschen Reliquie erzielten, so haben Sie doch eine doppelte Schuld dabei auf Ihr Gewissen geladen, von der Sie sich nicht reinigen können. Einmal ist es unverzeihlich von Ihnen, daß Sie, wenn dem bewußten Kleidungsstücke wirklich eine Heilkraft beiwohnt, der leidenden Menschheit dieselbe bis zum Jahre 1844 vorenthalten haben. Zum andern ist es unverzeihlich, daß Sie Opfergeld von den Hunderttausenden der Pilger nehmen. Oder ist es nicht unverzeihlich, daß Sie als Bischof Geld von der hungernden Armut unseres Volkes annehmen? Zumal Sie erst vor einigen Wochen gesehen haben, daß die Not Hunderte zu Aufruhr und zu verzweifeltem Tode getrieben hat? Lassen Sie sich im übrigen nicht täuschen durch den Zulauf von Hunderttausenden und glauben Sie mir, daß, während Hunderttausende der Deutschen voll Inbrunst (?) nach Trier eilen, Millionen gleich mir von tiefem Grauen und bitterer Entrüstung über Ihr unwürdiges Schauspiel erfüllt sind. Diese Entrüstung findet sich nicht etwa bloß bei einem oder dem andern Stande, bei dieser oder jener Partei; sondern bei allen Ständen, ja selbst bei dem katholischen Priesterstande. Daher wird Sie das Gericht eher ereilen, als Sie vermuten. Schon ergreift der Gerichtsschreiber den Griffel und übergiebt Ihren Namen, Arnoldi, der Verachtung bei Mit- und Nachwelt und bezeichnet Sie als den Tetzel des neunzehnten Jahrhunderts!"

So scharf und fein war das deutsche Gewissen und das deutsche Wort vor 50 Jahren!

Und was ist denn den Herren Staatsgewaltigen eigentlich Religion? Welcher Art Religion huldigen sie mit ihrem ewigen Säbelschleifen, ihren ewigen Duellen und Kriegsrüstungen, ihren Trommelwirbeln und Fanfaren und „Präsentiert's Gewehr!"

im Gotteshaus, ihrem Adelsstolz und Ehrbegriff? Das Evangelium Christi straft dies Alles Lügen!

Wie üppig und staatlich wohl beschirmt schießt heute die **Heuchelei** und **Kopfhängerei** und **Maskenspielerei** in die Halme! Fürwahr, wenn je, so ist der Ausspruch von **Lessing** am Platz: „Wer über gewisse Dinge den **Verstand** nicht verliert, der hat keinen zu verlieren."

Deutschland hat das Unglück, infolge der ganz verzwickten und nicht sehr **reinlichen Kabinettspolitik** im **Reformationszeitalter** heute das religiös zerklüftetste, konfessionell gespannteste Kulturland der Welt zu sein. Nirgends nehmen die religiösen Streitfragen einen solchen Umfang und eine solche Schärfe an, wie bei uns, nirgends ist eine parlamentarische Partei zugleich fanatisch kirchlich-konfessionelle und papistische Fraktion wie bei uns das Zentrum. Nirgends wird Gott so ins Spiel gezogen, wie in unseren geistigen, politischen und sozialen Kämpfen, folglich wird auch in allen Stücken nirgends so viel geheuchelt, gelogen und intrigiert wie bei uns, nirgends macht sich die Pfafferei so kraus, wie im Lande der Gottesfurcht und frommen Sitte. Schon das ewige Geschrei wegen verletzter „**Parität**" — giebt es für gescheidte Leute etwas Tolleres und Ärgerlicheres? Und mit der Umsturzvorlage kommen wir nur noch tiefer in diese Absurditäten und Unzeitgemäßheiten hinein, wir werden dann bald wieder Dinge erleben, wie sie Biedermann in seiner Geschichte des achtzehnten Jahrhunderts erzählt. Die Rücksichtnahme auf die konfessionellen Vorurteile und Rechthabereien ging damals so weit, daß in konfessionell gemischten Orten kein katholischer oder protestantischer Mann allein das wichtige Amt eines Schweine- oder Gänsehirten versehen durfte — das hätte gegen die Parität verstoßen! — sondern die Schweine und Gänse wurden abwechselnd bald von einem katholischen, dann von einem protestantischen Hirten auf die Weide getrieben. Ebenso wurde bei Verabreichung der gottseligen Prügelstrafe streng auf die Konfession des Büttels gesehen, damit nicht etwa das Ungebührliche sich ereignete und ein protestantischer Hinterteil von einem katholischen stockbeschwingten Arm zerbläut würde — und umgekehrt.

Die feine Unterscheidung, die man damals den Schweinen, Gänsen und Hinterteilen der Sträflinge angedeihen ließ, übt man heute, am Ausgange des 19. Jahrhunderts, noch an unsern Schulkindern. Wir haben keine allgemeine Volksschule, sondern die Konfessionsschule, als ob das Einmaleins, das Abc, der Anschauungsunterricht, die Heimatskunde u. s. w. bei den Protestanten andere wären, als bei den Katholiken!

Nun mache aber einmal ein der Schule entwachsener Protestant Ernst mit dieser Konfessionalitäts-Scheidung und stoße sich öffentlich in Wort, Schrift oder Bild an einer katholischen Lehre, z. B. an der immaculata conceptio (unbefleckten Empfängnis der Mutter und Großmutter Christi) und erblicke darin etwa den widerlichen Sophismus eines klerikalen Junggesellen und Herrschers im Vatikan, der sich mit diesem die Entstehung des Menschen verleumdenden Lehrsatz eine politische Waffe zur geistigen Beherrschung gutmütiger Flachköpfe habe schmieden wollen — flugs hat er sich gegen das weltliche Strafgesetz versündigt und der Staatsanwalt steigt ihm auf den Rücken.

Oder ein moderner Philosoph und Dichter, der über alle Konfessions-Rabulisterei hinausgewachsen, erlaube sich kraft seiner wissenschaftlichen Überzeugung den Begriff der Sünde, der Blutsühne und der ganzen judenchristlichen Heilsordnung schlankweg als eine in der Kulturentwicklung des Geistes nunmehr abgethane Sache ins Reich der betrügerischen Ammenmärchen zu verweisen? Oder ein so starkes kritisches Licht darauf fallen zu lassen, daß jeder gesunde, fröhliche Kopf in Ehrlichkeit ausbrechen muß: Fürwahr, fromme Lüge und Betrügerei überall! Was blüht ihm dann?

Oder ein moderner Schriftsteller gestatte sich heute über Jesus und die Entstehung des Christentums zu schreiben, was der „aufgeklärte" König Friedrich II. von Preußen, der Freund Voltaires („Sancte Voltarie, ora pro nobis!" Charlottenburg 24. Mai 1770) in seiner Vorrede zu dem Abrégé de l'histoire von Fleury geschrieben: „Un Juif de la lie du peuple, dont la naissance est inconnue et douteuse, qui mêle aux absurdités d'anciennes prophéties . . ., auquel on attribue des miracles, et qui finit par être pendu . . . Douze fanatiques gagnent les esprits par cette morale, les plus fourbes furent les Papes, est ces imposteurs révérés abusent du nom de l'Etre suprême, se servent de la réligion pour couvrir leurs passions criminelles . . ."*) — was würde ihm heute im preußischen Reiche für Dank werden? Als damals dieses Geschichtsbuch nebst der preußenköniglichen Vorrede in Rom öffentlich verbrannt wurde, schrieb Friedrich II. an Voltaire die spottlustigen und schimpffrohen Worte: „Ce bon cordelier du Vatican n'est pas, après tout, aussi hargneux qu'on se l'imagine. S'il fait bruler quelques livres, c'est seulement pour que l'usage ne s'en perde pas; et d'ailleurs les nez romains aiment à flairer l'odeur de cette fumée . . ."

Heute schützt man in Berlin die römischen Empfindlichkeiten, hätschelt die römischen Ansprüche — und der Papst fährt ruhig fort, die gesamte schöngeistige und wissenschaftliche Nationallitteratur in ihren bedeutendsten Vertretern auf den Index zu setzen und der Christenheit zu verbieten!

Lacht da jemand? Ich nehme mir die Freiheit. Denn ich bin ein Freund der Religion und sehe in ihr eine der reichsten Trostquellen der Menschheit, aber Religion ist für mich weder das Aufflächt des preußischen Königs, noch die Dogmen- und Mirakelwelt Roms, noch die Rückständigkeiten und Salbadereien des heutigen Luthertums, noch sonst einer auf priesterliche Interessen aufgebauten und durch dynastische Interessen gestützten Orthodoxie. Und alle diese Nicht- und Widerreligiositäten sind es, welche durch die plumpen Fäuste der neuen Gesetzgebung beschirmt werden sollen! Ist das nicht ein Schauspiel für Götter? Der Niedergang des religiösen Lebens wird dadurch nicht aufgehalten, sondern eher beschleunigt, denn ein solcher Staat, der im Namen der göttlichen Güte und Weisheit das Volk in seinen Gefühlen, Überzeugungen, religiösen und wissenschaftlichen Äußerungen bedrückt und Gott zu liebe mit dem Strafgesetzbuch dreinhaut, ist von allen Idealitäten die verdächtigste. Schlagt das Evangelium auf

---

*) Findet sich auch in den Supplements des Oeuvres de Frédéric

und sagt mir, ob es im Sinne Christi überhaupt etwas Irrreligiöseres giebt, als den modernen christlichen Gewaltstaat! Wie wir wiederum augenscheinlich an der Umsturzvorlage selbst sehen können: Neben dem theologischen Gott soll auch der Beelzebub nicht zu kurz kommen, neben dem „Herrn der Heerschaaren" soll auch Gott M a m m o n geschützt werden, damit das U n i r d i s c h s t e dem I r d i s c h s t e n brüderlich die Hand reiche und Oberwelt und Unterwelt vergnügt bei einander wohnen im wunderbaren modernen Staat. Eigentum und Heer sollen gegen die lästerlichen Tücken und Rücken der Umstürzler gefeit werden!

Das Eigentum! Wie viele haben denn in der heutigen Wirtschaftswelt der Kapitalanhäufung in immer wenigeren Händen überhaupt noch Eigentum an nennenswertem Geld und Gut, an Grund und Boden? Und welches sind in den allermeisten Fällen die m o r a l i s c h e n Q u e l l e n dieses modernen Eigentums? Wie ist es zustande gekommen, wie wurde es befestigt und vermehrt?

In jedem Jahrhundert hat es eine andere P h y s i o g n o m i e, eine andere W e r t u n g, je nach der politischen, sozialen und wirtschaftlichen K o n s t e l l a t i o n der E r w e r b s = und B e s i t z s t ä n d e. Das soll nun aufhören? Wie es h e u t e definiert wird, so soll es h e i l i g u n d u n a n t a s t b a r sein für ewige Zeiten?

Bekanntlich hat C h r i s t u s im Evangelium mit dem Eigentum wenig Federlesens gemacht. Er hat es seinen Jüngern einfach untersagt: „Ihr sollt Euch nicht Schätze sammeln auf Erden, da sie die Motten und der Rost fressen und da die Diebe nachgraben und stehlen." Und in seinem Gebete lautet die vierte Bitte: „Unser täglich Brot gieb uns heute", d. h. wohl, lieber Gott, laß uns von der Hand in den Mund leben — eine Lebensweise, um die der christliche Mittelstand heute den Himmel nicht mehr besonders anzuflehen braucht, obwohl man sich in unserem Klima mit der Ernährung nicht so leicht thut wie in der Heimat der ersten Christen im Orient, wo man unter dem milden Himmel nomadenhaft leben und mit einer Handvoll Datteln oder Reis und einem Schluck Wasser schon weit kommen kann.

Auch die A p o s t e l und ihre Gemeinden waren überaus bedürfnislos und konnten leicht im Kommunismus leben, ohne Privateigentum. Armut galt für heilig. Die von den Bischöfen und Päpsten organisierte Kirche der späteren Jahrhunderte hat dann in weiser Arbeits- und Heiligkeits-Teilung besondere Bettel=orden geschaffen, die das christliche Ideal der Armut verwirklichen sollten, für sich selbst aber hat sie eingeheimst was einzuheimsen war — und neben den Bettelklöstern hat sie andere Klöster mit kolossalem Besitz und Luxus etabliert. Auch unter den Päpsten gab es zu allen Zeiten eine schöne Anzahl solcher, die mit nichts angefangen und als vielfache Millionäre Himmelfahrt gehalten haben. Woher nahmen die Leute alle stets das viele Geld? Wurde es wirklich „erarbeitet" bei Christen und Juden?

Irgend ein hergelaufener Millionär, der auf nicht mehr un=gewöhnlichem Weg frechster Ausbeuterei oder Börsenjobberei zu Besitz gekommen, wird natürlich mit Hochgefühl sein Eigentum als Frucht individuellen Schaffens respektiert wissen wollen und bei jeder Steuerreform, die ihn einen Pfennig mehr kostet, gleich über „Umsturz" schreien! Aber das ist Humbug. Man schreit „Umsturz", weil man gewisse, absolut notwendige Reformen des Eigentums hintertreiben will.

Wie gesagt, auch das Eigentum ist als soziale Thatsache ein Produkt der Entwicklung, wie Ehe, Monarchie, Heer u. s. w. Man sehe sich doch seine Entwicklung seit 2000 Jahren an! Wie grausam war es einst, wie ist es schon gemildert heute! In Stücke zerhauen durfte der römische Gläubiger seinen vermögens=losen Schuldner, das gestattete ihm der „Geist" des vielgerühmten „römischen Rechts", jene vielbewunderte Jurisprudenz, die dem Shylock recht giebt, der auf seinem Schein besteht.

Und als nordische Eroberer mit dem Schwert in der Faust im Mittelalter südwärts stürmten, um sich kraft der Gewalt recht=mäßiges Eigentum zu erwerben an Grund und Boden Mitteleuropas, da fielen ihnen die Insassen dieses Bodens einfach als Zubehör ihres Eigentums zu. Was sie von diesem Zube=hör ihres rechtmäßigen Eigentums nicht zur körperlichen Ar=beit oder sonstwie brauchten, das verhandelten sie auf den Sklaven=märkten Spaniens und des Orients.

Arabische Kaufleute hausierten damals fleißig an den

Edelsitzen der guten feudalen Herren, deren Nachkommen heute die „Besten der Nation" bilden, und kauften ihnen die überflüssigen zweibeinigen Produkte **ihres** Bodens ab. Das war ja ihr geschütztes rechtmäßiges Eigentum, sie konnten es gegen Damascener Klingen, kostbare orientalische Waffen, spanische Prunkgewänder u. s. w. nach Belieben **vertauschen**. Genau wie später, wo ganze Länder- und Völkerschaften als **dynastische Tauschobjekte** behandelt, die „Unterthanen" dem Hundert nach von den Duodezfürsten des deutschen Reiches als Kanonenfutter nach England 2c. verkauft wurden.

Sie sollen dergleichen heute einmal versuchen — sie sollen einmal nur **mediatisieren** und **säkularisieren**, wie vor hundert Jahren, wo man von kurzer Hand Klostergut in Staatsgut verwandelte — welch' ein Geschrei würde sich da erheben! Und doch hatte man in Preußen auch so etwas wie den „Welfenfond", ein fremdes Privateigentum, dessen Zinsenverwendung bekanntlich auch nicht in die Taschen des Erstbesitzers leitete.

Also was ist inzwischen geschehen? Hat man das Eigentum abgeschafft, umgestürzt? Keineswegs. Man hat es **reformiert**, anders **organisiert**. Man hat es **umgestaltet**. Und nun soll es plötzlich mit seiner **heutigen** Gestalt sein Bewenden haben? Und die dem **Großkapitalismus** und seinen frechen Auswüchsen, oder dem **Fideikommiß-Unfug**, oder dem **Bodenschacher** u. s. w. entgegenstreben, sind sträfliche Frevler am geheiligten Eigentum? Und die Bodenreformer z. B., die den Privatbesitz an Grund und Boden in den **Allgemeinbesitz** der Gemeinde oder des Gesamtvolkes überführen möchten, gehören ins Zuchthaus?

Gerade auf dem Wege der Verkollektivierung, der **Verstaatlichung**, bewegt sich die moderne Eigentumsreform, im Interesse der **Gesamtheit** sind in neuerer Zeit viele Eigentumsobjekte den Klauen usurpatorischer Monopolisten entrissen und dem Staat überwiesen worden. Eisenbahnen, Ausnutzung der Elektrizität 2c. werden verstaatlicht, alte **Privilegien** durch Freigabe der Gewerbe u. s. w. aufgehoben — lauter **Eigentumsveränderungen**! Die unterirdischen Schätze, die Kohlenflötze u. s. w. sollen die nur für ein paar Spekulanten da sein, mit dem Recht, dem Volke kolossale

Reichtümer zu eskamotieren? Und die haarsträubenden Miß=
bräuche des Privateigentums, sollen sie jetzt sanktioniert
werden kraft der Umsturzvorlage? Und soll es nunmehr unter
Strafe gestellt sein, von den Pflichten des Besitzes zu reden
und eventuell zur Erfüllung dieser Pflichten zu zwingen?

Sollen die sogenannten „Enterbten" ewig nur auf „Al=
mosen" warten? Wer hat sie enterbt?

Und dann das nicht zu vergessen: Die römischen Juristen
haben uns mit der ihnen eigenen bestechenden Logik weis gemacht,
das Wesen des Eigentums liege im Verhältnis des Objekts
zum Eigentümer, während es thatsächlich ganz wo anders liegt,
nämlich: im Verhältnis des Eigentümers zu dritten Per=
sonen bezüglich des Objekts. Nicht darin, daß der Eigentümer
den Gegenstand des Eigentums nach Belieben brauchen und
mißbrauchen kann, sondern darin, daß er dritte Personen von
dem vernünftigen Gebrauch des Gegenstandes ausschließen
kann, den er selber mißbraucht: darin liegt das Wesen des
römisch-rechtlichen Eigentums, mit dem zu allen Zeiten so furcht=
bares Unwesen verübt wurde.

Und es ist dem Staate, der manchenorts selbst zum Schuld=
knecht des internationalen Kapitalismus herabgesunken, ernst mit
dem Strafschutz, der für das heilige Eigentum aufgeboten wird.

In Wels (Oberösterreich) erhob jüngst der Staatsanwalt Anklage
gegen die Arbeiterin und Arbeiterführerin Popp aus Wien, weil
sie das Privateigentum den Fluch der Menschheit nannte;
die Anklage erfolgte auf Grund des § 305 des österreichischen Straf=
gesetzes, wonach mit Strafe bedroht wird, wer den Rechtsbegriff
des Eigentums herabwürdigt oder erschüttert! Eine arme Habe=
nichtsin hat den Eigentumsbegriff „erschüttert"!

Solcher Erschütterungen gab's schon mehrere in der Rechts=
geschichte. „Eigentum ist Diebstahl", lehrte bekanntlich Proudhon.
Eigentum sei Sünde und verächtlich, lehrte mancher Asket des
Morgen= und Abendlandes und gab das Beispiel dazu. Für diesen
Asketismus haben reiche Tröpfe und Filzläuse freilich kein Ver=
ständnis.

Der scharfsinnige Engländer William Godwin, dessen

Schriften Malthus zu seiner berühmten Theorie Veranlassung gegeben haben, erklärte bereits: „Der Geist der Unterdrückung, der Geist der Servilität und der Geist des Trugs sind die direkten Früchte der bestehenden **Eigentumsverfassung**".

Georg Büchner, einer der ersten Sozialisten in Deutschland, schrieb anfangs der 30er Jahre: „Das Verhältnis zwischen Armen und Reichen ist das einzige revolutionäre Element in der Welt; der Hunger allein kann die Freiheitsgöttin werden. Man mäste die Bauern und die Revolution bekommt die Apoplexie."

Die Anschauung, daß das widerliche Schauspiel gar vieler Seiten des sozialen Lebens mit seinen Gebrechen vornehmlich ein Ausfluß des wirtschaftlichen Abschröpfungsprozesses und der erbärmlichen, schamlosen Ausbeutung des Volkes sei, wurde schon im vorigen Jahrhundert von dem freimütigen französischen Priester Meslier behauptet, und der Versuch, den Zusammenhang der jeweiligen Wirtschaftsordnung mit dem Elend und der Verderbtheit der Zeit, mit der Armut, der Roheit und dem ganzen Unglück und Leiden des Volkes nachzuweisen, kehrt in allen Schriften der Sozialisten wieder bis auf den heutigen Tag.

Die ritterlichen Umsturzbekämpfer, Sittenstützer, Religions- und Staatserhalter vom Schlage der Schlotbarone und Industriekönige Stumm und Genossen wollen natürlich nichts davon wissen. Sie wollen mit jedem Mittel, das ihrer Klugheit gut dünkt, einfach ihre Beute aus dem **großkapitalistischen Raubkriege** verteidigen — das ist die ganze Höhe ihrer Gesinnung, ihrer Wissenschaft und Weltanschauung und darum soll zu **ihren Gunsten** der Staat Klassenpolitik treiben und eifrigst in Klassengesetzgebung machen. Die alte Geschichte: L'état c'est moi — der Staat bin ich. Darum ist ihnen **jede** Eigentum-Reformbewegung von der christlich-sozialen bis zur sozialdemokratischen, jede neue Gruppenbildung (Bauernbund z. B.) so wider den Strich, darum hassen sie so inbrünstig die moderne Wissenschaft, Kunst und Dichtung und lügen sich auf Sitte und Religion hinaus, darum möchten sie das naturalistische Drama (Hauptmanns „Weber") mit Pech und Schwefel austilgen, diese wohledlen Herren und christlichen Mustermenschen, die zuoberst sitzen im Rate der Regierenden.

Ihre stärkste Hoffnung sind die Soldaten! Das Heer! Auf 570,877 Mann Friedenspräsenzstärke haben wir's seit der jüngsten Militärvorlage 1893 glücklich gebracht — und in wenig mehr als zwei Jahrzehnten haben wir 12,410 Millionen Mark dafür geopfert. Und damit wir mit diesem riesigen Kriegsheer an der Spitze der Zivilisation marschieren, den inneren Feind, der jetzt den äußeren Feind und die „Reichsfeinde" abgelöst hat, wirksam zerschmettern, im Notfall auf Mutter und Vater, Bruder und Schwester schießen und dabei noch ein frommes Vaterunser beten können, muß die Umsturzvorlage den Schutz dieser Beschützer vollenden. Mit barbarischen Strafen wird jeder belegt, der in Hörweite dieser Leute, die des Königs Rock tragen und darum vor allen Menschen, die des Königs Rock nicht tragen, bevorzugt sind, — mit barbarischen Strafen wird belegt, wer in Hörweite dieser Leute ein umstürzlerisches Wort flüstert, also etwas sagt oder andeutet, was mit den geheiligten festgelegten Ansichten der Gewaltigen über Staat, Monarchie, Eigentum, Ehe, Familie nicht bis auf's J-Tüpfelchen übereinstimmt. Folterkammern und Hexenprozesse sind nichts gegen die Dinge, die uns da blühen.

Das ist der Gipfel, die Krönung des Reichsgebäudes am Ausgang des Jahrhunderts.

Der Soldatenschutzparagraph schließt den wundermächtigen Ring, den die Staatsgewaltigen um das deutsche Reich schmieden wollen.

Damit umwittert uns nicht bloß Konflikts-, sondern Staatsstreichsluft, denn wie mit dem Einzelnen aus dem Volk, so wird man auch mit den Volksvertretern im Parlament kurzen Prozeß machen, wenn die Stunde gekommen ist. Die Handhabe ist nicht schwer zu finden. Man hat sie auf Grund dieser Umsturzvorlage und im Notfall auch ohne dieselbe im bequemsten logischen Schluß.

Nämlich:

Indem das Parlament künftig irgend welche von monarchischer oder bundesrätlicher Seite gemachten Vorschläge inbezug auf Religion, Sitte, Staat, Heer u. s. w. verwirft,

verwirft es damit auch das monarchische Prinzip und vergreift sich am Bestand des Reiches. Denn Monarchie, Reich, Herrscher bilden eine einzige unantastbare Einheit — und der Herrscher als Verkörperung derselben ist unfehlbar. Also nimmt er alle Gewalt in seine Hand, eine Art weltlicher Papst-Infallibilität gestattet ihm zu lösen und zu binden — und das letzte Wort, die Diktatur über Alle und Alles, steht bei ihm. Das Übermenschentum als unfehlbare Klassenstaats-Allmacht, nicht als soziales Königstum, verkörpert im Diktator auf dem Thron!

Apotheose!

Und eine große, große Zahl von Volksgenossen wird uns mit Schadenfreude und Hohnlachen in den Kampf gegen diese Umformung der Volksgewalt im Staate ziehen sehen. Es wird sich ereignen, daß das Volk, wie immer, sich von neuen Illusionen bethören läßt. Es wird uns nicht seine Fahnen, sondern seine Knüppel schwingen. Das Marschlied, das es uns anstimmt, wird keine Marseillaise der Freiheit sein, sondern ein Rachechor: „Wir pfeifen auf Euch und Eure Freiheit, hol Euch alle der Teufel; denn von Eurer Freiheit sind wir auch nicht satt geworden, sie hat unsere Blößen nicht bedeckt, unsere Menschenwürde nicht gehoben. Unsere geistigen und leiblichen Ausbeuter seid Ihr gewesen, was kümmern uns jetzt Eure bedrohten geistigen und wissenschaftlichen Interessen, Euer Bürgerstolz, Euer Unabhängigkeitssinn! Ihr werdet geknickt und getreten und Eure wunderschöne vornehme Kultur dazu! Uns kann's recht sein, denn was hatten wir davon, wir kleinen Bauern, wir kleinen Handwerker, wir Legionen von Arbeitssklaven — wurden wir satt, indem Ihr schwelgtet, wurden wir reich, indem Ihr Euch im Profit wälztet? Denn was ist Euere Freiheitslehre, Euer Sankt-Manchester-Evangelium für uns gewesen? Ein Gesetz der Knechtung, eine Botschaft der Verzweiflung. Hat man nicht um Lohn, der zum Leben zu wenig, zum Sterben zu viel, unsere Frauen und Mädchen und Knaben in den Fabriken ausgeschunden wie hilflose Tiere, hat man sie nicht mit den aufreibendsten Beschäftigungen gepeinigt,

Tag für Tag, von früh bis spät? — Ah, und nun kommt der Staat und schlägt Euere Freiheiten nieder und verspricht uns Schutz unter seiner Gewalt, und Reformen unter seiner eisernen Autorität. Hurrah, gepriesen sei der Staat!" Gewiß, es ist Thorheit — der Klassen= und Militärstaat wird um so weniger für das Volk leisten, je mächtiger er ist. Seine ganze Natur ist der Natur des Volkes und seiner Interessen entgegengesetzt.

Aber wie soll die Menge das wissen?

Haben wir die besseren Zeiten genützt, das Volk politisch aufzuklären, seine sozialen Rechte zu stützen und auszubilden? Haben wir uns bemüht, dem Volke den großen Ernst der politischen Dinge und ihren tiefen Zusammenhang genügend zum Bewußtsein zu bringen? Haben wir seinen Verstand erleuchtet, sein Gemüt erwärmt, seine Lebens= und Bürgerinteressen innigst mit den unsrigen verknüpft?

Hat nicht in der That der politische Doktrinarismus mit dem mehr oder weniger verhüllten Manchestertum im Bunde wie ein Gorgonenschild auf das Volk gewirkt, alles warmblütige Leben ertötend, versteinernd?

Und das geistlose Prozentum mit seinem schweren Gifthauch, hat es nicht jedes idealere Streben erstickt?

Der alte Vers aus dem Küchenlatein verflossener Zeiten ist er nicht Moralsatz geblieben bis heute?

> Qui habet in nummis,
> Gilt was, selbst wenn er dumm is;
> Qui non habet in nummis,
> Gilt nichts, selbst wenn er frumm is.

Und die Million bekam den Adel — wie sich's gebührt.

Unser Zeitalter ist das Zeitalter des Dampfes, der Elektrizität, der raschesten Kraftumwandlung und Bewegung. Was man sonst in Jahrhunderten nicht erarbeiten konnte, das bewältigt man jetzt in Jahrzehnten. Man verlangt raschen Fortschritt überall. Sind wir in sittlichen und sozialen, in politischen und wirtschaftlichen Reformen nicht bei der alten Schneckenpost geblieben — teils aus Faulheit, teils weil's uns von materiellem Vorteil war? Haben wir uns mit Dampfenergie der sozialen Entwicklung angenommen, haben wir mit Elektrizitätsgeschwindigkeit dem fluchwürdigen System der Ausbeutung der Untersten ein Ende gemacht?

Wir hatten nicht den nervösen, alles mit fortreißenden Willen für unsere Ideale, wir hatten nicht die Leidenschaft, den gigantischen Stolz, die impulsive Kühnheit für unsere Sache!

Und jetzt, wo alles auf Spitz und Knopf steht, jetzt sollen wir im Handumdrehen einholen, was wir so lange versäumt: Den gewaltigen, untrennbaren, heilvollen Zusammenhang herstellen zwischen politischer Freiheit und sozialem Fortschritt, zwischen den Idealen des Bürgertums und den unabweisbaren Forderungen der Massen!

Nur wer die soziale Emanzipation der ausgebeuteten, notleidenden Massen, die wirtschaftliche Befreiung unserer Erwerbsstände, voran des Bauernstandes, zur That machen kann, der wird auch der heillosen geistigen und politischen Reaktion des übermenschlich-unfehlbaren Militärreiches gewachsen sein. Welche Partei ist dies? — —

Nur diejenige Partei vermöchte der Riesenaufgabe am nächsten zu kommen, die sich die unentwegte Verbreitung und den unerschrockenen Ausbau der demokratischen Idee zum heiligen Gesetze macht.

Von der Umsturzvorlage, gleichgiltig welches deren Schicksal im Besonderen sein möge, muß die Erneuerung des deutschen Reiches durch die demokratische Idee, eine neue Epoche der deutschen Volkspartei datieren.

Alles, was durch die Umsturzvorlage zum Erstarren gebracht werden sollte, muß Punkt für Punkt erst recht flüssig und in den Arbeitsplan der Volkspartei übergeleitet werden.

Die Umsturzvorlage, als Symptom, ist die moralische, geistige, soziale und wirtschaftliche Bankrotterklärung des von Bismarck ins Reich gebrachten Regierungssystems, des ancien régime der preußischen Gewaltpolitik.

Auch wenn die Regierung in der Umsturzvorlage nicht ihre Karten aufgedeckt hätte, wir wissen längst, wessen wir uns von ihr zu versehen haben, sobald sie die Trümpfe so in der Hand hat, daß sie mit Aussicht auf einigen Gewinn das Bismarck'sche Spiel mit erhöhtem Einsatz beginnen kann.

Die **verheerenden Wirkungen** der ancien régime-Reichspolitik liegen im Volksleben deutlich zu Tage, am greifbarsten auf dem sittlichen und wirtschaftlichen Gebiete: **Ruinen**, wohin man blickt.

Und wer kann aus den Ruinen neues Leben erblühen machen? Nur der in seinen moralischen und materiellen Energien unerschöpfliche Volksgeist, nur das Land, das sich, unerschütterlich im Solidaritätsgefühl aller Arbeitenden, Erwerbenden und Vorwärtsstrebenden, sich selbst erzieht zu eigener Verwaltung seines Daseins, bis es den Übergang vom turbulenten, knechtenden Militärstaat zum ruhig starken, freien Volksstaat gefunden.

Nur wenn die große soziale und politische Reform in Deutschland ins Werk gesetzt wird, bevor es zu spät ist, wird unser Volk in der Kulturwelt die Mission zu erfüllen vermögen, die ihm unsere großen Denker vorgezeichnet.

Volk, hilf dir selbst, so wird dir Gott helfen! Selbst ist der Mann, selbst ist auch das Volk!

Zwischen Sestos und Abydos zeigen Schiffer dem Fremden am Hellesponte die Stelle, wo der große König Xerxes das Meer, das ihm nicht zu Willen sein wollte, mit Geißelhieben züchtigen und Fußeisen in die Brandung werfen ließ — und dabei leisten sich die Schiffer die stille Majestätsbeleidigung und lächeln über den großen König Xerxes und seine suprema lex.

Möge es unsern Enkeln beschieden sein, einst in stiller Heiterkeit und zu eigenem Ergötzen unserer Zustände in der Ära der Umsturzvorlage zu gedenken.